Capellanía institucional

Nociones básicas de la capellanía

Luz M. Rivera Miranda

ABINGDON PRESS / Nashville

CAPELLANÍA INSTITUCIONAL: NOCIONES BÁSICAS DE LA CAPELLANÍA

Derechos reservados © 2010 por Abingdon Press

Todos los derechos reservados.
Se prohíbe la reproducción de cualquier parte de este libro, sea de manera electrónica, mecánica, fotostática, por grabación o en sistema para el almacenaje y recuperación de información. Solamente se permitirá de acuerdo a las especificaciones de la ley de derechos de autor de 1976 o con permiso escrito del publicador. Solicitudes de permisos se deben pedir por escrito a Abingdon Press, 201 Eighth Avenue South, Nashville, TN 37203.

Este libro fue impreso en papel sin ácido.

A menos que se indique de otra manera, los textos bíblicos en este libro son tomados de la Santa Biblia, Edición de Estudio: Versión Reina-Valera 1995, Edición de Estudio, derechos reservados de autor © 1995 Sociedades Bíblicas Unidas. Usados con permiso. Todos los derechos reservados.

ISBN-13: 978-1-4267-0964-7

Dedicatoria

Cada ser humano posee en la dinámica de su existencia un círculo íntimo de personas amadas con las cuales comparte los mejores momentos de su vida. A esas personas que son mi razón de existir les dedico este manual: a mi mamá María L. Miranda; a mis hijos: Isaac, Josué y Otoniel; a mi hija Sarahí, a su esposo Juan y a sus hermosos retoños: Manuel Antonio y José Luís. Es maravilloso tener una familia, verlos crecer y superarse día a día. Doy gracias a Dios por ellos y ellas.

Contenido

Dedicatoria 3

Prólogo 7

Presentación general 9

Introducción 11

Capítulo 1: Definición del concepto "capellanía" 13
Capítulo 2: El problema del sufrimiento 27
Capítulo 3: Una pastoral de esperanza en un mundo
 en crisis 45
Capítulo 4: El cuidado del paciente y el trato de su
 sufrimiento 55
Capítulo 5: El programa de hospicio 85
Capítulo 6: Capellanía en el contexto de hospitales
 para la salud mental 95
Capítulo 7: La capellanía en el contexto militar 107
Capítulo 8: Capellanía en el contexto de la policía 121
Capítulo 9: Capellanía en el contexto de las prisiones 131

Capítulo 10: Capellanía en el contexto empresarial 145
Capítulo 11: Capellanía universitaria 151

Conclusión 159

Bibliografía 161

Prólogo

Resulta un placer inmerecido, prologar un libro cuando éste es el de una apreciada y muy querida amiga, quien se caracteriza por ser un modelo en muchas áreas. La Reverenda Dra. Luz M. Rivera-Miranda puede considerarse como una mujer excepcional, aunque ella con la humildad que la caracteriza, no desee que se le reconozca. Profesora universitaria en diferentes instituciones tanto seculares como eclesiales; Decana Académica del Colegio Bíblico Pentecostal de Puerto Rico (1986-2002); Vice-Presidenta de la Asociación para la Educación Teológica Hispana (1996-98); Presidenta electa de la Asociación Puertorriqueña de Consejería Pastoral Evangélica (1996); y sobre todo, creyente incondicional de la fe cristiana, puedo argumentar sin temor a equivocarme, que nos encontramos ante una líder magistral en el campo académico teológico hispano.

La obra que usted, lector y lectora, se encuentra a punto de comenzar a leer puede ser descrita con dos sencillas palabras: necesaria y excelente. Necesaria, porque hasta este momento en el idioma español adolecemos prácticamente de material didáctico recopilado, organizado y presentado en forma integral y lógica, que no solamente define claramente, sino que destaca los aspectos más relevantes sobre diferentes escenarios en los que la capellanía puede intervenir. De hecho, lo anterior presenta una seria limitación al momento de adiestrar personal en el área de capellanía, pues se ha carecido de literatura sensitiva a la realidad hispana claramente identificada con las particulares necesidades existentes en los diferentes contextos en que se pueden ofrecer los servicios de capellanía, y que a su vez sirva de instrumento primario en el proceso educativo de éstos profesionales pastorales.

En segundo lugar, considero la obra excelente, no porque sea perfecta; tenemos que ser honestos y señalar que toda persona que lea una obra académica puede siempre encontrar algunas limitaciones que pueden ser mejoradas en ésta. De hecho, en el mundo académico, como cristianos debemos tener ante nosotros y aceptar el reto de mejorarnos cada día para la gloria del Señor. Toda obra por consiguiente puede ser mejorada, y de allí las futuras ediciones que, estoy seguro, saldrán de ésta. Sin embargo, soy de la opinión que este trabajo, realizado con suma meticulosidad y amor, provee un comienzo para que se pueda cultivar una cosmovisión de la capellanía desde diferentes perspectivas.

A través de la lectura del libro se puede reconocer que la capellanía no posee un carácter homogéneo; por el contrario, tiene diversas vertientes, cada una con sus particularidades, las cuales deben ser reconocidas y manejadas en forma específica y adecuada para lograr el éxito deseado en el servicio de excelencia que debe ofrecerle a nuestro pueblo.

Lo anterior podría verse como la necesidad de comenzar a reconocer que existen diferentes "especializaciones en la capellanía", sin perder de perspectiva el sentir básico de ésta, la ayuda a la persona necesitada guiándole a alcanzar la sanidad integral al ponerla en contacto con el mensaje de salvación. Desde esa perspectiva, la autora del libro ha tratado de proveer información sobre diversos contextos en los que se ofrece la capellanía sin perder el enfoque de la visión básica de intervención sanadora y terapéutica, tan vital para que el ser humano en necesidad crezca, que ofrece la capellanía.

Espero, estimado lector o lectora, que pueda disfrutar de esta obra tanto como yo lo he hecho, y más aún, que pueda utilizar sus principios para ayudar al prójimo para la gloria de Dios. En Cristo Jesús, bendiciones para usted y los suyos.

José R. Rodríguez Gómez, MD, ScD, PhD
Consejero Pastoral Certificado

Presentación general

Este trabajo es una aportación a las personas interesadas en la capellanía. Su objetivo es ofrecer una visión integrada de la capellanía, organizando los temas e ideas principales en cada uno de sus campos.

El presente trabajo es fruto de varios años de estudio en el campo de la capellanía. Surgió por la necesidad de tener un manual en español que proveyera información respecto a diversos contextos en que ocurre la capellanía, facilitando la enseñanza de un curso en la institución donde la autora trabaja. En algunos contextos en los cuales existe el departamento, los servicios de capellanía ofrecidos por religiosos se prestan servicios en forma voluntaria. En muchos casos, los voluntarios no poseen un grado académico en Biblia, teología o en consejería pastoral, pero laboran con ahínco y asumen una actitud de compromiso con Dios, con las instituciones y con las poblaciones a las que sirven esas instituciones.

No se pretende subestimar el trabajo que realizan las personas que trabajan de manera voluntaria. Por el contrario, esperamos que este recurso pueda ayudar a quienes ejercen y a quienes anhelan ejercer el ministerio de capellanía, a tener un mayor conocimiento sobre la dinámica existente en los diversos contextos en que se prestan estos servicios. El propósito de la autora es que su trabajo sirva como incentivo para guiar a los lectores a buscar mayor información sobre los diversos campos en que se ofrece la capellanía y que puedan continuar superándose en la prestación de los servicios que ofrecen como capellanes y capellanas.

El primer capítulo define el ministerio de la capellanía, su trasfondo histórico y su relación con la misión de la iglesia en favor de la gente que sufre. El segundo capítulo discute el dilema del sufrimiento en la convivencia humana, con el propósito de ayudar al lector o lectora a ampliar su visión sobre el tema. El tercer capítulo ayudará a los lectores a valorizar la pertinencia de ejercer una pastoral de esperanza a tono con el ministerio ejercido por Jesús en favor de la gente cautiva, en medio de un mundo convulsionado por diversas crisis. Los capítulos cuatro al once exploran el ejercicio de la capellanía en ocho contextos institucionales: el hospital, el hospicio, el hospital mental, la milicia, la policía, la cárcel, la empresa y la universidad. La obra termina con un breve resumen.

Introducción

El evangelio proclamado por Jesucristo introduce al ser humano en una esfera de libertad que tiene como objetivo guiarlo a su plena realización, de acuerdo al propósito con el cual Dios lo creó. La iglesia fundada por Jesucristo debe servir como comunidad de fe, terapéutica e inclusiva, donde los hombres y las mujeres de todos los pueblos y lenguas puedan tener acceso a una vida plena, experimentando en su ser integral una transformación total y radical que les ayude a vivir vidas fructíferas.

La complejidad de la vida postmoderna subsecuente a los grandes cambios socioeconómicos, políticos y religiosos ha provocado una revolución en el sistema de valores, en las tradiciones y en las costumbres que regulan la vida de los pueblos. El auge de la industrialización, la tecnología electrónica, los grandes emporios comerciales, la diversificación de los sistemas de comunicación y transportación masiva, la proliferación de urbanizaciones y de residenciales públicos, así como el consumismo desmedido, el aumento en males sociales como lo son la criminalidad, la drogadicción y la violencia doméstica, así como el alcoholismo, el divorcio y tantos conflictos que aquejan a la sociedad actual. Se han provocado unos desajustes sociales que han distorsionado la dinámica de las relaciones humanas, convirtiendo a la presente sociedad en una de contrastes y de luchas desmedidas por la ostentación de riquezas y poderes.

Introducción

En medio de la alteración de los estilos de vida, la pérdida de la fe en Dios y en el género humano, se han agudizado los problemas sociales y creado mayor angustia existencial en la humanidad cautiva. Es inminente tener personal capacitado para guiar y servir de elemento motivador al ser humano para vivir vidas fructíferas y reconciliadas con Dios, consigo mismo y con la humanidad. Como resultado, cada día mayor número de instituciones crean conciencia de la necesidad de tener en su equipo de trabajo personal cualificado que pueda brindar apoyo espiritual y moral a las personas que están bajo su cuidado.

En un ambiente de tanta necesidad espiritual puede ser primordial la figura del capellán o capellana como parte del equipo terapéutico y de consejería. Pero, mucho del trabajo de capellanía es realizado por personas voluntarias, que poseen algunas nociones del trabajo que realizan pero pueden carecer de educación formal en el área de consejería y cuidado esenciales en capellanía. Con el propósito de brindar ayuda a los hombres y mujeres que laboran tan desinteresadamente como voluntarios, la autora ha sentido la necesidad de escribir estas nociones fundamentales de la capellanía institucional. Permita el Señor que este trabajo sea de edificación.

1

Definición del concepto "capellanía"

El término capellán proviene del vocablo latín *capellanus*. Se aplica a la persona que ejerce el oficio de ministrar y dar apoyo espiritual a quien sufre, guiándole en el cultivo de la fe en Dios y de una autoestima saludable para que pueda afrontar la situación de crisis que está viviendo. El vocablo comenzó a utilizarse con la designación de un clérigo como ministro del monarca, quien no tenía a cargo una parroquia sino que brindaba atención a la vida espiritual del monarca y de su corte. Era investido de autoridad eclesiástica y poseía una capilla.

R.J. Hunter (1990:136) cita a K.W. Smith, que define la palabra capellán como:

> ...aquella persona ministro o laica, que ha sido comisionada por el grupo de fe u organización, para proveer el servicio pastoral en una institución, organización, o entidad gubernamental. La capellanía puede ser provista por una institución como son los hospitales generales o mentales, prisiones, escuelas o colegios, organizaciones de negocios, las fuerzas armadas, la policía, instituciones públicas o privadas.

En ocasiones, el término "cuidado pastoral" es utilizado como sinónimo de servicios de capellanía. Pero otros utilizan este término haciendo alusión a aquellos servicios ofrecidos lo mismo por clérigos, ministros ordenados o no y reservan la designación de "servicios de capellanía" para actividades realizadas por ministros ordenados, sacerdotes y rabinos que son asignados al Departamento de Capellanía de una institución. Por ejemplo, en las fuerzas armadas de los Estados Unidos de Norte América sólo se utilizan los términos "capellanía" y "servicios de capellanía".

El capellán o la capellana forma parte del equipo de intervención de la institución y ejerce la función pastoral o sacerdotal en dicho contexto, con un enfoque inclusivo y, por lo tanto, no proselitista. Su misión es dar apoyo espiritual tanto al personal que labora en la institución como a las personas que reciben beneficios de la misma. Quien ejerce la capellanía ofrece cuidado pastoral guiando a la persona necesitada, por medio de sus palabras, hechos e interacciones, a una experiencia profunda de la realidad de la presencia y del amor de Dios en la vida humana. Como guía espiritual, todo oficial de capellanía confronta al ser humano con la necesidad de cobijarse al amparo del amor divino. También le guía a desarrollar la convicción de la presencia y la misericordia de Dios en su vida y su provisión para traer consuelo, sostén y ayuda a los necesitados que se refugian y confían en el Señor.

Orígenes de la capellanía

Es difícil establecer con precisión los orígenes de la capellanía, pero ciertos relatos arrojan luz sobre su desarrollo. Existe una leyenda que se remonta cerca de los años 315 a 399, sobre Martín de Tours (santo patrón de Francia).

Leyenda
Cuenta la leyenda que en una fría noche de invierno, Martín de Tours regresaba a su casa y se encontró con un mendigo, el cual estaba temblando de frío. Cuando Martín vio la condición de aquel mendigo, partió su capa en dos y dio una mitad al mendigo, quedándose él con la otra mitad. Esa noche mientras dormía, tuvo una visión en la cual vio que Cristo estaba usando la mitad de su capa que había entregado al mendigo. La otra mitad de la capa que había sido retenida por Martín ha sido conocida como "cappa". La misma ha sido considerada como objeto sagrado y conservada en una urna o relicario llamada *capella*. Esta capa ha sido objeto de veneración en la Corte de Francia. Desde entonces,

los reyes de Francia llamaron "capellanes" o "guardianes de la cappa" a los clérigos que cumplían funciones religiosas en la Corte.

Aplicación de la leyenda

Al analizar las enseñanzas de la leyenda a la luz de la compasión y misericordia que se debe experimentar hacia la persona desamparada o necesitada, a tono con los principios bíblicos y las enseñanzas de Jesús, se puede hallar alguna analogía con el contexto bíblico. Mateo 25:35-40 hace un señalamiento de parte de Jesús respecto a deberes reconocidos (vv. 35-36): "tuve hambre y me disteis de comer; tuve sed y me disteis de beber; fui forastero y me recogisteis; estuve desnudo, y me vestisteis; enfermo y me visitasteis; en la cárcel y fuisteis a verme". El pasaje recalca la misericordia que debemos practicar en las interacciones diarias con otras personas. Comprende el ejercicio de actos que brotan de un corazón agradecido, que ha disfrutado una vida abundante en la gracia y la misericordia divina. Son obras que se hacen y se reciben por gracia. El mensaje proviene del Antiguo Testamento (Ex 22:22-27; Dt 14:28-29; 15:7-11; Is 58:7). Dios alienta a su pueblo a hacer provisión para socorrer a los pobres y desvalidos. Dios espera y demanda de su pueblo que participe en forma individual y colectiva, colaborando para atender las necesidades de los demás. La forma en que ayudamos a los necesitados debe reflejar el amor y la preocupación de Dios por la humanidad. En cada una de las necesidades mencionadas, vemos a un ser humano quebrantado, indefenso y a merced de las circunstancias. Nos llama la atención el hecho de que Jesús se identifica tanto con el menesteroso, que se apropia de su situación y llega a ser uno con ellos.

El Salmo 68:5-6 señala que Dios es: "Padre de huérfanos y defensor de viudas... Dios hace habitar en familia a los desamparados; Saca los cautivos a prosperidad". Es evidente que Dios mismo, en la persona de su Hijo, se hace solidario con las personas que sufren marginación, que están en total desamparo y necesitan de la misericordia y la caridad de los creyentes. Jesús hablando a sus discípulos les dice: "De cierto os digo que en cuanto lo hicisteis a uno de estos mis hermanos más pequeños, a mi lo hicisteis" (Mt 25:40). Jesús, en su encarnación y sacrificio vicario, expresa su amor compasivo hacia la humanidad sufrida, identificada en Mateo 25:40 como "mis hermanos". Ante las palabras de Jesús, surge la pregunta: ¿Puede un creyente leer o escuchar las palabras de Jesús y permanecer indiferente e inactivo cuando sus semejantes están en necesidad? Jesús demanda nuestra participación personal para atender las necesidades de los demás. El apóstol Pablo destaca en 1 Corintios 12:26 que cuando un hermano o hermana en Cristo sufre, todos sufrimos. Nuestra fe carece de sinceridad si no alcanza a otros ni hace provisión para atender sus necesidades.

Trayectoria histórica de la capellanía

Según la leyenda, fue en Francia en el siglo IV que se inició la costumbre de llamar capellán al clérigo que cumplía funciones religiosas en la Corte al servicio de los reyes. En España, a fines de la Edad Media, el término fue utilizado para hacer referencia al sacerdote destinado a celebrar las misas reales en el oratorio privado del rey. A esta persona, se le otorgaba una "capellanía" o derecho a custodiar ciertos bienes a cambio del cumplimiento de misas y obras pías.

Con el transcurso del tiempo y a medida que los estados europeos se fueron cristianizando, se nombraron "capellanes" para acompañar a los reyes y a los soldados a la guerra, para darles ánimo mientras peleaban en las batallas. La labor de los capellanes en el ejército iba orientada a brindar fortaleza y estímulo espiritual a los combatientes. En tiempos de paz, el oficio de la capellanía se concretaba a la Corte y los capellanes eran asignados para dar consejería espiritual a los cortesanos y a la nobleza que tenían necesidad.

Durante los siglos XII y XIII, la Europa cristiana desarrolló una amplia ofensiva contra el mundo musulmán para "recuperar los lugares donde transcurrió la vida de Jesús y asegurar el peregrinaje hacia ellos". La iglesia jugó un papel decisivo durante "Las Cruzadas". Éstas fueron guerras "religiosas" realizadas con el pretexto de "rescatar el Santo Sepulcro de manos de los musulmanes". Las Cruzadas se iniciaron a fines del siglo XI (1096) y se prolongaron hasta el siglo XV (1414). No obstante, las siete cruzadas principales se efectuaron entre los siglos XI al XIII. En ellas, nuevamente los clérigos jugaron un papel importante, estimulando a los combatientes a pelear con valentía, con la esperanza de que sus pecados le fueran perdonados por medio de "bulas papales".

Durante los siglos XV y XVI fueron notorios los viajes de exploración y conquista realizados por las naciones europeas a América. Clérigos y sacerdotes acompañaban a los exploradores y conquistadores en sus expediciones, con el pretexto de cristianizar a los pueblos de América, a la par que realizaban funciones religiosas con los expedicionarios. Como resultado, la obra misionera para la evangelización del continente americano en la América española está ligada al papel que desempeñaron los clérigos junto a las milicias que sojuzgaron a los aborígenes.

Los capellanes han desempeñado un papel fundamental en la historia de los Estados Unidos de Norte América. Desde un principio, la tradición de "capellanes" fue incorporada como parte esencial en el sistema americano. En la América española, al igual que en la América del Norte, la ayuda espiritual, asesoramiento y apoyo brindado por los capellanes a las huestes invasoras fueron significativas en el éxito de la empresa de exploración, conquista, colonización de lo que llamaron "el Nuevo Mundo". También representaron un freno a los abusos perpetrados por los colonos a los nativos y a otras etnias. En ocasiones, tanto en la América española como en Norte América, los capellanes y misioneros se convirtieron en mártires ofrendando su vida en aras de la misión. Ejemplo de ello fue Fray Juan de Padilla, un franciscano muerto por indígenas rebeldes en las planicies del suroeste de Kansas en 1542. Otros murieron por causa de las guerras entre España y las naciones europeas, al ser trasladadas éstas al "Nuevo Mundo".

En el siglo XVIII, como resultado de la preocupación del Papa Clemente XI por los delincuentes juveniles, la capellanía se movió hacia otras áreas de servicio, fuera del contexto militar. En el 1703, el Papa Clemente XI organizó una correccional para delincuentes juveniles con celdas individuales, siguiendo la práctica de la larga tradición monacal de la iglesia, de reclusión y penitencia. Su objetivo fundamental era la rehabilitación del delincuente juvenil y no meramente el castigo por el delito cometido. El enfoque del proceso era uno de sanidad para lograr la rehabilitación. No se recalcaba el castigo corporal (medida punitiva que era la práctica más común de la época), sino más bien pretendía que el clero brindara a los encarcelados un estilo de vida de preocupación humanitaria con miras a darles fortaleza espiritual y generar en ellos el cultivo de la paz resultante de la fe. Así, los religiosos que visitaban las cárceles fueron los primeros consejeros, educadores y trabajadores sociales del sistema correccional. Su trabajo era de carácter voluntario.

Hace más de un siglo que en los EE. UU., las prisiones institucionalizaron los servicios de capellanía por medio de la contratación y clarificación de las tareas a realizar por los capellanes. Se recalcó la necesidad de atender las áreas educativas, recreativas y sociales junto a las actividades religiosas realizadas por el personal de capellanía. De acuerdo a la Administración de Corrección, la Oficina del Negociado Federal de Prisiones (en inglés, "Federal Bureau of Prisons"), fue el primero en concebir la capellanía correccional como un "servicio profesional" (1870). Como resultado, se reconoce la capellanía como una profesión con formación particular y especializada, y se identifican sus responsabilidades específicas dentro del sistema correccional.

La American Correctional Association (ACA) ha reconocido y enfatizado el lugar de la capellanía en el proceso correccional y rehabilitativo de la persona confinada. Ellos parten de la premisa de que: "La importancia de la eternidad en sí, le confiere a cada individuo el derecho innato a la libertad religiosa: de ahí la necesidad básica de tener ministros de la religión como capellanes correccionales".

La libertad religiosa es un derecho inalienable del ser humano, reconocido y garantizado por la Constitución de los EE. UU. y expresado en su Primera Enmienda: "El Congreso no aprobará ninguna ley estableciendo una religión o prohibiendo el libre ejercicio de la misma".

La Carta de Derechos de la Constitución del Estado Libre Asociado (ELA) de Puerto Rico establece en su Sección III:

No se aprobará ley alguna relativa al establecimiento de cualquier religión, ni se prohibirá el libre ejercicio del culto religioso. Habrá completa separación de Iglesia y Estado.

Al analizar los principios expresados en ambas constituciones, se puede apreciar que la iglesia ha aceptado su responsabilidad de proveer clero calificado para dar atención a aquel segmento de nuestra sociedad que se encuentra aislado de aquellos contactos de la libre comunidad civil. De esta forma, la iglesia se ha movido a hacer provisión a través del servicio de capellanía, al ofrecer diversas alternativas para brindar a la población de las instituciones la libertad de escoger, de acuerdo a su preferencia religiosa, cómo expresar y practicar su fe. No obstante, en lugares como Puerto Rico, en la mayoría de los casos, la capellanía en el contexto carcelario ha sido realizada por personal voluntario. Por lo general, las personas que laboran en las prisiones no poseen educación formal en el área de consejería y cuidado pastoral. Se agradece el esfuerzo realizado por algunas organizaciones de capellanes, que se nutren de voluntarios de capellanía y adiestran a sus miembros ofreciéndoles seminarios y talleres para capacitarles en el contexto en que se desenvuelven.

Algunos voluntarios de capellanía, conscientes de su ardua tarea y su grado de responsabilidad con Dios y con la sociedad, hacen estudios en el área de consejería pastoral. Otros estudian en instituciones bíblicas y teológicas acreditadas a nivel de Bachillerato (Licenciatura) en Artes. Luego prosiguen estudios al nivel graduado con el propósito de obtener el grado de Maestría en Divinidad, que es uno de los requisitos para ejercer la profesión de capellán en propiedad, especialmente en las cárceles federales y en la milicia.

Los servicios de capellanía, además de ser realizados por personal voluntario, son ejercidos en la mayoría de los casos en forma gratuita. De esta forma, resulta ser un servicio *bona fide* (de buena voluntad), ya que estas personas donan sus servicios. No obstante, cada día ocurre un incremento en las personas interesadas en estudiar este tema. Incluso, algunas iglesias están proveyendo a sus líderes seminarios y talleres en torno a la capellanía utilizando recursos cualificados en esa profesión.

El Sistema Federal de Corrección tiene un largo historial de servicio a través de la capellanía en el contexto de las prisiones, con funciones bien definidas para el capellán. Para ofrecer servicios de excelencia, el sistema federal ha institucionalizado la capellanía y sistematizado los procesos en forma clara y precisa, exigiendo a sus capellanes tener una preparación académica con estudios teológicos formales. Se requiere que cada candidato haya alcanzado un nivel académico mínimo de un grado de Maestría en Divinidad o en Consejo Pastoral. De esa manera, la capellanía es considerada como una profesión, y como tal, también ofrece una compensación económica a tono con los requerimientos exigidos.

En el contexto universitario, la capellanía desempeña un papel primordial. El propósito principal de la universidad es promover el desarrollo integral de la persona y la creación de un ambiente saludable en el campus. Una de las primeras instituciones universitarias que se preocupó por contratar los servicios de un capellán para laborar en el campus universitario fue la Universidad de Yale en 1755. El Reverendo Naphtali Dagget fue la primera persona contratada como capellán en el campus de la Universidad de Yale. Transcurrió un siglo antes que otros colegios en los EE. UU. contrataran los servicios de un oficial de capellanía.

Afirma Donald G. Schekley (1989:27) que:

> La capellanía en el campus universitario tuvo su incremento subsecuente a la Segunda Guerra Mundial. Ya para 1950 había alrededor de 300 capellanes ministrando en diferentes campus universitarios en los EE. UU.

Hoy la pastoral en el campus universitario a través de la capellanía es percibida como parte del desarrollo integral del ser humano. También su pertinencia es reconocida desde la perspectiva de la misión de la iglesia y la responsabilidad de atender a la totalidad de la persona en los recintos universitarios. Se fomenta su inclusión a nivel institucional como parte del servicio que se brinda a estudiantes y al personal que labora en la institución.

En la capellanía de hospital, no existía un adiestramiento formal anterior a la década de 1940. Dos factores ayudaron a modificar esta situación. En 1925 ocurrió un movimiento precursor al iniciarse un proceso de adiestramiento en procesos clínicos para ministros. En 1950, tomando como base los adiestramientos en los procesos clínicos ofrecidos a los ministros, se desarrollaron las primeras organizaciones para certificar capellanes en el contexto de hospital. Se enfatizó el adiestramiento sobre una Educación Clínica Pastoral, la cual había comenzado en el hospital mental del estado en Worcester, Massachusetts. La Educación Clínica Pastoral (ECP) se proponía brindar al estudiante de teología la oportunidad de salir del salón de clases y de la capilla con una experiencia práctica. Su objetivo era que el estudiante pudiera introducirse en el contexto del dolor y del sufrimiento humano consciente de la realidad que vive la persona afectada. La meta era que el estudiante de capellanía, al estar en contacto con la realidad que vive la gente, pudiera tener mayor efectividad en su trabajo combinando la teoría y la práctica.

El ministro Anton Boisen, y otros líderes en la ECP, estimularon a los pastores a explorar su mundo de pecado para que, conscientes de su propia vulnerabilidad, pudieran ser más sensibles y compasivos con las personas que afrontan serios conflictos en su vida diaria. La ECP deseaba desarrollar en el alumno un enfoque integral e integrador del proceso educativo tomando en consideración el mundo externo e interno de la persona; lo cognitivo y lo emotivo; la teoría y la práctica; y la teología y la psicología. Desde esa perspectiva, el estudiante podría cultivar una visión más completa del ser humano y desarrollar un ministerio más efectivo y actualizado.

Hoy la pastoral de hospital está integrada a la dinámica del hospital. El capellán es parte del equipo de intervención y terapéutico del hospital. Trabaja en equipo y se desenvuelve en un proceso colaborativo interdisciplinario. Como miembro del personal, labora en favor de la persona afectada por el sufrimiento causado por la enfermedad, pero a la misma vez, da especial atención a la familia inmediata del paciente y también provee atención al personal que labora en la institución.

En el siglo XXI, la capellanía va evolucionando hacia una profesión que exige un mayor grado de compromiso y de superación académica y profesional. A medida que aumenta la complejidad en todos los procesos sociales y surgen mayores conflictos en la convivencia humana, se necesita que la capellana pueda actualizar los conocimientos sobre el cuidado pastoral y el trato con la persona que sufre. Se espera que en el ejercicio de sus funciones, pueda realizar una hermenéutica bíblica y teológica responsable que responda al reto de la época.

Perspectiva bíblica del ministerio de capellanía

Según el relato bíblico, la Caída (Gn 3) echó a perder la armonía existente entre el hombre y la mujer, dando paso a la enemistad, la competencia y la rivalidad. El hombre acusó a Dios de haberle dado la mujer que provocó su caída (Gn 3:12). Afortunadamente, el hombre posee voluntad propia y en el ejercicio de su voluntad tiene libre albedrío para aceptar o rechazar los ofrecimientos que recibe. Dios dotó al hombre y a la mujer con la capacidad de ser seres racionales, creativos y aptos para hacer juicio crítico, tomar decisiones y asumir responsabilidades. No obstante, desde la Caída, el hombre ha clasificado a la mujer como inferior y subordinada, devaluando así a un ser creado a la imagen de Dios y como complemento del varón.

El mensaje bíblico presenta a un hombre y a una mujer creados a imagen y semejanza de Dios (Gn 1:26-28) como seres idóneos, con la capacidad de interactuar y complementarse el uno al otro. El ser humano no es igual a Dios, pero sí puede ser una reflexión de su gloria. Su capacidad racional, creatividad, poder de comunicación o autodeterminación reflejan la imagen de Dios en el humano. Por ser creados a la imagen de Dios, el hombre y la mujer están capacitados para reflejar el carácter de Dios en vivenciales o expresiones como el amor, la paciencia, el perdón, la bondad, la fidelidad y otros. La capacidad para proyectar en la dinámica de las relaciones humanas muchas características que son un reflejo de los atributos divinos, provee al ser humano una base sólida para que pueda cultivar una autoestima saludable.

Por ende, es necesario que el hombre y la mujer puedan recuperar lo que han perdido. En Cristo, Dios hace provisión para la reconciliación total y radical del humano que vive inmerso en una condición de depravación que le mantiene cautivo y alejado de Dios. Al ocurrir la reconciliación con Dios, se debe efectuar una reconciliación del humano consigo mismo, con el género humano y con su medio ambiente. El hombre y la mujer son llamados a cultivar un concepto sano de sí mismos y de la otra persona, reconociendo que cada uno de ellos está capacitado para alcanzar la plenitud sin menoscabo del potencial existente en su compañero o compañera. Dios desea que el hombre y la mujer puedan cohabitar en amor y ayuda mutua en un ambiente de sana convivencia, colaborando en la preservación y felicidad del género humano.

La revelación de Dios en su Palabra y en su trato con el humano presenta un enfoque colaborativo, solidario y de inclusividad respecto a las interacciones saludables entre el hombre y la mujer. La doctrina cristiana niega una jerarquía espiritual entre los sexos, al insistir en que la mujer y el hombre son considerados iguales a la presencia de Dios (Gl 3:28). Tanto el hombre como la mujer pueden realizar trabajo colaborativo haciéndose solidarios con la gente que afronta situaciones de crisis. Ninguno de los dos debe infravalorar al otro, sino percibirle como persona apta para atender los asuntos del Reino de Dios. De esa manera, podemos cultivar sentimientos positivos acerca de nosotros mismos. El criticarnos o degradarnos equivale a infravalorar lo que Dios ha hecho.

Quienes temen a Dios son dotados por mediación del Espíritu Santo para realizar toda buena obra. Según la misión de la iglesia, Dios ha depositado la tarea de hacer discípulos sobre el hombre y la mujer transformados por la experiencia del "Nuevo Nacimiento", rescatando al no creyente para el Reino de Dios (Mc 16:15; Mt 28:19). El llamamiento evangélico es un llamamiento universal "para todo aquel que en él cree". (Jn 3:15-16). El llamado de Dios no hace acepción de personas. Sólo está condicionado por la actitud del receptor: creer o no creer en Jesucristo. Vivir para Cristo es sinónimo de tener una vida transformada y representa que el ser humano ha sido liberado, con el potencial de alcanzar la plenitud de la vida. Dicha plenitud significa la renovación integral de la criatura regenerada, equipándole para que pueda convertirse en el ser humano percibido por Dios como la "pléroma" de la Creación.

Tanto el hombre como la mujer que sirven a Dios pueden contribuir a transformar este mundo en uno mejor, mediante el auxilio del Espíritu Santo. En el desempeño de sus funciones, el hombre y la mujer ponen en juego su inteligencia, su voluntad, su creatividad, y todo su potencial humano. Cuando realizan trabajo colaborativo, se desarrollan múltiples virtudes como la justicia, la caridad, el espíritu de servicio, la templanza o prudencia y demás virtudes, ampliando la visión de mundo y edificándose mutuamente.

Cuando el hombre y la mujer trabajan en un ambiente de compañerismo, aprenden a delegar responsabilidades, a respetar las líneas de autoridad, a dejar un espacio prudente para la auto-realización de la otra persona, a recibir y compartir información que puede ser valiosa para el éxito de la labor que se está realizando, a aceptar sugerencias y a respetar las ideas y opiniones divergentes. En consecuencia, se barren los prejuicios y los estigmas sociales, aprovechando la oportunidad de realizar un trabajo que dignifica la obra de Dios en el humano. De igual manera, se logra vivir satisfecho al ver el fruto de una labor bien hecha. Como resultado, ambos estarán haciendo buen uso del principio de mayordomía que Dios les otorgó en la creación. Con su trabajo, contribuyen a transformar y modificar el mundo que les rodea y son el motor del progreso. El Dios Redentor estará presente en la tarea realizada por seres redimidos que viven una vida de servicio a Dios y a la humanidad.

En la post-modernidad, un mayor número de mujeres se desenvuelven con libertad en diferentes esferas del ministerio y también en las ocupaciones seculares. Esto se debe a que algunos hombres han descubierto lo que Dios dice en torno al hombre y a la mujer y han realizado esfuerzos extraordinarios para dar oportunidad a la mujer de recuperar lo que ésta perdió a causa de la Caída. Además, la mujer que ha descubierto la percepción divina en torno a ella y al varón, ha deseado recuperar el lugar que Dios le dio cuando la creó en calidad de idónea con el hombre. Con el auxilio divino, la mujer es llamada a enfrentar y vencer los prejuicios que a través de la historia han sido cultivados por el hombre, y también por ella. Debido a que la mujer tiene el reto de seguir cumpliendo con sus papeles de mujer, esposa, hija, madre y todos los estatus adquisitivos que ha alcanzado en la sociedad, sobre ella pesa un cúmulo de responsabilidades inmenso.

A pesar de las múltiples responsabilidades que la mujer afronta en la actualidad, Dios la ha dotado de la sabiduría necesaria para enfrentar el reto que éstas representan. Como resultado, vemos a la mujer en la post-modernidad ocupando posiciones y desempeñando roles sin detrimento de su feminidad. Las mujeres se han destacado en las áreas de la medicina, las ciencias, la aviación, la educación, la traducción de la Biblia, las misiones, la fundación de hospitales, la enfermería, la pastoral, la capellanía y tantas actividades como se le permita tener acceso a ellas. En algunos países, mujeres han presidido la nación (ej. Inglaterra, Panamá, Chile, Nicaragua, Argentina) o fungido como primer ministro (ej. Francia, Inglaterra, Israel), demostrando ser aptas para realizar su trabajo. Puerto Rico inició el siglo XXI eligiendo a una mujer a la gobernación.

Por la gracia de Dios, cada día mayor número de hombres y mujeres descubren lo hermoso y edificante que puede ser para ambos poder trabajar en unidad de propósitos, estableciendo metas y objetivos bien definidos. Existen en los diferentes contextos en que se realiza la capellanía representantes de ambos sexos ministrando en favor de las personas que sufren. El capellán así como la capellana, deben estar conscientes de las diferencias existentes entre el hombre y la mujer, pero no para exaltarlas como defectos o limitaciones, sino más bien para tenerlas en consideración, de modo que puedan complementarse en el trabajo que realizan, dándose apoyo mutuo. Que allí donde uno de los dos posee limitación y la otra persona mayor destreza, el más fuerte pueda apoyar al más débil. De esa manera, podrán ser de ayuda a las personas que están en necesidad.

Conclusión

El ministerio de capellanía está orientado a guiar a la persona necesitada, a través del cuidado pastoral que ofrece el capellán por medio de sus palabras, hechos e interacciones, a una experiencia profunda de la realidad de la presencia y del amor de Dios en la vida humana. La capellana no ejerce labor proselitista, sino de consolación. Su ministerio es de carácter inclusivo y se desenvuelve en un ambiente ecuménico.

La complejidad de la vida humana y la naturaleza de los conflictos que la persona afronta en el vivir cotidiano, han convertido a la capellanía en una profesión que exige un mayor grado de compromiso con el cuidado pastoral y una mayor superación académica y profesional por parte de la persona que ejerce ese oficio. Las instituciones, a su vez, establecen unas reglas o políticas para el funcionamiento del Departamento de Capellanía a tono con el perfil socio-demográfico de la población a la cual sirven, la misión, filosofía y los objetivos institucionales. El capellán debe conocer las políticas institucionales, el perfil de la población a la cual sirve y las leyes que rigen en el país respecto a las responsabilidades que ha de contraer al fungir como capellán de la institución.

Preguntas de repaso

1. Defina el concepto capellanía. ¿Por qué es la capellanía un ministerio?
2. Destaque aspectos relevantes sobre la misión del capellán en una institución.
3. Contraste la visión de Martín de Tours respecto a su experiencia con el mendigo con las enseñanzas del pasaje bíblico de Mateo 25:35-40.
4. ¿Se puede relacionar la capellanía con la misión de la iglesia?
5. ¿Cómo ha ido evolucionando la capellanía en los diversos contextos institucionales a través de la historia?
6. ¿Qué diferencia existe entre ejercer la profesión de capellanía y fungir como voluntario de capellanía?
7. Contraste las visitas realizadas por personas religiosas a la persona que sufre con aquellas realizadas por una capellana.

2

El problema del sufrimiento

Desarrollo del concepto sufrimiento

El sufrimiento es un tema siempre presente en la historia de la humanidad. Los medios de comunicación narran situaciones desgarradoras en torno al sufrimiento humano. Día a día vemos cómo la gente enfrenta el infortunio por diversas razones, muchas de las cuales no pueden ser controladas por la persona que sufre, quien tampoco puede hallar una solución satisfactoria. El problema del sufrimiento crea grandes interrogantes para los estudiosos del tema y es analizado desde perspectivas filosóficas, teológicas, antropológicas, éticas, sociológicas y psicológicas. El dilema del dolor y del sufrimiento ha representado un reto para el pensamiento humano desde la antigüedad. Dentro del cristianismo, también es motivo de reflexión y análisis para los estudiosos de la Biblia y de la teología.

Desde una perspectiva psicológica, el sufrimiento representa el sentido de lo que no queremos, de lo que nadie puede querer para sí mismo. Ante la realidad del sufrimiento, el humano experimenta miedo, y ese miedo ya implica sufrimiento. El sufrimiento abarca el dolor físico producido por la enfermedad y también el aspecto moral, que muchas veces resulta más doloroso que el primero. El sufrimiento es un fenómeno complejo. Algunas personas tienen la tendencia a clasificar el dolor físico como sufrimiento, pero es mucho más que un simple dolor físico, malestar, sensación de desagrado o incomodidad. Estos síntomas son señales de alerta o indicadores de que el funcionamiento normal del organismo se ha alterado. Cuando los síntomas crecen en intensidad y la persona está a merced de la situación, se crean tensiones, angustias, incertidumbres e inseguridades que generan sufrimiento en la persona afectada y en sus familiares y amigos.

Desde la perspectiva de la capellanía, el problema del sufrimiento humano, y su impacto sobre la conducta humana, no puede ser ignorado. El Departamento de Capellanía no puede tener ejerciendo el oficio de capellanía a personas con actitudes prejuiciadas en relación al sufrimiento humano. Es indispensable que el capellán cultive un concepto apropiado respecto al sufrimiento humano, de manera que pueda ayudar a la persona que sufre, sin menoscabo del derecho que ésta posee de retener su dignidad e integridad como persona. La persona que sufre necesita todo el apoyo que otras personas puedan darle, sin emitir juicio respecto al por qué de su sufrir. En ocasiones, la persona lo más que necesita es una persona dispuesta a escucharle y le transmita la idea de que su vida posee significado para otros.

El término sufrimiento tiene diferentes connotaciones. Según el Diccionario de Teología Harrison (1985:507), en el lenguaje hebreo existen diferentes palabras para comunicar la idea del sufrimiento:

1. El término *yasar* implica que sirve para "disciplinar" (Os 10:10), "instruir" (Sal 2:10) y "castigar" (Jer 6:8).
2. La expresión *ana* presenta la idea de "hacer violencia contra otro" (Gn 15:13), "humillar" (Nm 24:24), "ser afligidos" (Sal 107:17).
3. El término *sarar* significa: "atar" o "apretar fuertemente", de ahí se deriva el sentido de "estar en apuros, en aflicción" (Jer 10:18). En el Nuevo Testamento, el verbo que comúnmente significa "sufrir" es *pascho*, y básicamente su significado es "experimentar"; en griego representa "experiencias desagradables y aflicciones".

El problema del sufrimiento ha provocado problemas teológicos, los cuales habían sido esbozados por el filósofo griego Epicuro:

> Si Dios desea evitar el sufrimiento pero no puede, entonces es impotente; si pudiera evitarlo y no lo hace, entonces es malévolo; y si tiene ambas cosas, el deseo de evitarlo y el poder para hacerlo, ¿de dónde viene entonces el mal?

Ese mismo dilema fue planteado por un rabino judío: Harold S. Kushner (1985) en su libro: *Cuando las cosas malas le pasan a la gente buena*. El libro presenta la preocupación universal sobre la injusta distribución del sufrimiento en el mundo y el papel que desempeñan Dios, el ser humano y el universo frente al sufrimiento del justo. Kushner presenta la gama de reacciones que sacuden a los humanos ante la tragedia, la incongruencia entre los conceptos tradicionales de Dios y la realidad de la vida del que sufre, los problemas conceptuales que se originan y la lucha del creyente por retener su integridad rebasando su crisis personal.

A través de su reflexión teológica, Kushner afirma que:

> Dios no es el causante de nuestro infortunio. Si Dios continúa siendo el Dios de la justicia y no del poder, nos queda la esperanza de que él aún puede estar de nuestra parte.

Kushner se percató de que la Biblia no da apoyo a los conceptos tradicionales en torno al éxito o al fracaso. Tradicionalmente, se ha creído que la persona íntegra y fiel a Dios vive en bendición y en abundancia y no enfrenta calamidades porque Dios la protege. Todo lo contrario se cree que le sucede al injusto; a éste sí le sobreviene el infortunio, ya que Dios desea disciplinarle como castigo por el pecado. El Salmo 121:1-2 dice: "Alzaré mis ojos a los montes; ¿De dónde vendrá mi socorro? Mi socorro viene del Señor". No dice: "mi dolor viene del Señor" o "mi tragedia viene del Señor" sino, "mi socorro viene del Señor". Cuando analizamos la expresión del salmista, nos percatamos de que hay convicción y certeza de que Dios no desamparará al creyente, sino que proveerá el oportuno socorro.

Jesús, durante su ministerio terrenal, no nos dejó ninguna fórmula respecto a la razón y origen del sufrimiento. Sin embargo, presentó una alternativa abriendo un camino de victoria frente al sufrimiento. Jesucristo vivió en triunfo en medio y a pesar del sufrimiento. El secreto de su triunfo fue que como "el Siervo Sufriente" vivió en total identificación sumisa con la voluntad del Padre y fue apto para tratar con el aguijón de la muerte en forma triunfante (1 Co 15:55). Dios comisionó y capacitó a Cristo para impartir su triunfo y transmitir la vida a aquellos que se identifican con él en sumisión a la voluntad del Padre.

Harrison (1985:507) cita a Julián C. McPheeters:

> El problema del sufrimiento no puede divorciarse del problema más amplio y profundo del mal moral. La solución final al misterio del dolor es la reconciliación con Dios. El triunfo de esta reconciliación efectúa esto: "Todas las cosas ayudan a bien a los que aman a Dios". La cruz es la apologética cristiana, la visión sublime y majestuosa de la gloria de Dios, revelada en su Hijo (Heb 12:2).

En el mensaje cristiano encontramos la revelación de un Dios sufriente que rebasa el sufrimiento con la auto negación de sí mismo, anulando el poder destructivo del sufrimiento y proveyendo libertad al ser humano cautivo. En la reconciliación, el ser humano se identifica con el Dios sufriente, ocurriendo una transmutación de sus propios sufrimientos (Ro 8:15-17), a la par que se apropia por la fe en Jesús de la victoria sobre el sufrimiento. Basados en esa experiencia, el creyente desarrolla una profunda convicción de su total liberación gracias a la intervención de Cristo en su vida, pasando del pesimismo al optimismo, de la confusión e inseguridad a la esperanza emancipadora del sufrimiento (Ap 21:4) por la fe en Jesús.

EL SUFRIMIENTO DESDE LA PERSPECTIVA DE LA TEOLOGÍA PAULINA

Bradley Hanson enfatiza que:

> La persona que sufre es aquella cuyos actos están fuera de las expectativas de lo que las demás personas consideran bueno y su actuación es diferente.

Al contemplar la experiencia de Cristo dando su vida en ofrenda expiatoria por el pecado de la humanidad sufriente, vemos cómo el Mesías como Siervo Sufriente no llena las expectativas de lo que sus seguidores esperaban de él. No obstante, cumple con su misión como enviado y ungido de Dios obteniendo la redención de la humanidad. Con su humillación y sacrificio vicario, Cristo dio testimonio de que:

1. Dios es un Dios de consolación; Dios no se enajena del sufrimiento humano.

El apóstol Pablo señala que Dios, como Padre de Jesucristo, es un Dios de misericordia y de consolación (2 Co 1:3,5; Flp 2:1; Hch 9:31). El apóstol destaca el carácter único de la filiación de Cristo y la importancia que posee para nosotros esta revelación divina ya que Dios aparece más como "Padre misericordioso". Él cuida de nosotros a través del apoyo que nos brindan otras personas. Jesucristo por su encarnación se hizo solidario con la humanidad sufriente, constituyéndose en nuestro Consolador en la medida en que compartió nuestros sufrimientos, dolores y tentaciones (Lc 7:13; Heb 2:18). Pablo presenta un ejemplo de consolación cuando dice: "Pero Dios, que consuela a los humildes, nos consoló con la venida de Tito; y no sólo con su venida, sino también con la consolación con que él había sido consolado en cuanto a vosotros" (2 Co 7:6-7).

2. En medio del sufrimiento puede haber aprendizaje.

En las circunstancias de aflicción, Dios irrumpe en la vida humana y nos consuela en medio de la aflicción. Aquellos que reciben apoyo de Dios en su sufrimiento pueden vivir una experiencia de crecimiento y maduración que los equipa para dar apoyo a otros que sufren (2 Co 1:3, 4). El cristiano que ha sido consolado en sus sufrimientos puede afirmar el significado de su experiencia por medio de su testimonio, compartiendo su experiencia de fe y haciéndose solidario con personas que sufren. Simultáneamente responde al llamado de Dios para consolar a otros. La mejor vía para dar apoyo a los que sufren es a través de una profunda identidad con ellos. Es necesario desarrollar empatía hacia los que sufren y hacer provisión para socorrerlos en medio de su dolor. Pero para poder ayudar a otros, la persona que ha vivido una experiencia de sufrimiento debe haber rebasado la crisis que le haya causado. Un ejemplo es el de Pablo cuando testifica que Dios lo ha confortado en su aflicción: "somos consolados por Dios" (2 Co 1:4).

3. Existe un paralelismo entre el sufrimiento de los cristianos y los sufrimientos de Cristo.

Pablo destaca cómo, en las peores circunstancias del sufrimiento en aras del ministerio de consolación del cristiano, Dios siempre está presente (2 Co 11:23-29). Él compara sus sufrimientos con los de Cristo y habla de las marcas de estos en su cuerpo tales como persecuciones, ansiedades, peligros de muerte y un aguijón en la carne. Las huellas dejadas en Pablo por los azotes y apedreamientos son marcas que pueden ser contrastadas con las de la circuncisión (Gl 6:17). Se observa que la mayoría de los sufrimientos incluyen ansiedad, enfermedad y debilidad física, tornando a la persona que los experimenta en un ser vulnerable y dependiente del apoyo que otros le puedan brindar.

Lo más relevante del sufrimiento en "las marcas de Cristo" conlleva la concepción paulina de la relación existente entre Cristo y los creyentes expresada en términos del "cuerpo de Cristo" y "en Cristo". Esto implica una interrelación entre Cristo y la persona que ha enfrentado el sufrimiento y se ha proclamado en victoria y aquella que está experimentando el sufrimiento en el tiempo presente. Cristo se hace solidario con la persona que sufre y hace provisión para ayudarle en medio de su dolor. Como consecuencia habrá empatía, la cual se plasmará en identidad, confianza, respeto a la autonomía de la otra persona, mutua dependencia en un plano de cooperación, conocimiento del otro y disponibilidad para el servicio.

El sufrimiento ocasionado por el dolor físico

El dolor físico es más fácil de detectar que cualquier otro dolor. Éste advierte a la persona de que una situación anómala la está afectando que demanda atención inmediata en la medida en que el dolor persiste. Cuando la persona enferma agota todos sus recursos para que el dolor cese y sus esfuerzos son infructuosos, empiezan a agudizarse sus temores. Es en ese momento, cuando el ser humano se siente totalmente desvalido y puede experimentar una gran incertidumbre. La intervención del capellán para dar consuelo en la aflicción será de vital importancia.

El sufrimiento provocado por el dolor físico crea conciencia en la persona sobre su situación real, provocándole la necesidad de reflexionar seriamente sobre su vida. Cuando se han agotado todos los recursos para que el dolor sea eliminado y aún así persiste, la persona puede tornarse en un ser vulnerable, pero también puede estar en disposición de recibir o solicitar ayuda. Cuando la persona es asesorada en forma adecuada y puede manejar su crisis con una visión saludable de la realidad que está viviendo, el dolor físico puede ser el medio que le ayude a valorar las oportunidades que la vida le ha brindado. Podrá tomar decisiones que le permitan alcanzar su plena realización, a la par que puede establecer prioridades que le ayuden a disfrutar la vida contribuyendo a su felicidad y a la de otros.

El dolor físico por sí sólo no puede destruir a la persona como ocurre con otros sufrimientos como el sentimiento de pérdida, el complejo de culpa, la experiencia de vivir bajo opresión o el sentimiento de aborrecimiento de sí mismo. En los hospitales al trabajar con enfermos terminales se reduce el uso de medicamentos para minimizar los efectos del dolor físico de manera que el paciente pueda permanecer alerta y consciente. El objetivo es facilitar a la persona enferma la posibilidad de prepararse emocionalmente para enfrentar su situación, atendiendo sus necesidades físicas, espirituales y mentales en forma integral. Con el debido asesoramiento de un capellán o consejera espiritual, se provee la oportunidad de que la persona enferma pueda despedirse de sus familiares o completar algunas tareas que aún no ha finalizado.

SUFRIMIENTO PSICOLÓGICO, CASI MORAL

El sufrimiento psicológico es difícil de entender y causa grandes interrogantes especialmente para las personas saludables. En 1987 el psicólogo J. Pillot hizo referencia a los problemas psicológicos que brotan del sufrimiento de las personas al final de su vida. Hizo una distinción entre el sufrimiento físico provocado por la enfermedad y que puede ser sometido a tratamiento médico y el sufrimiento psicológico moral provocado por la necesidad de la persona de una búsqueda de significado en su vida personal. Toda persona posee la necesidad de búsqueda de significado, estableciendo metas en la vida y adjudicando valor a sus actividades y proyecciones, tomando como base lo que considera verdadero o el bien supremo. La búsqueda de significado se agudiza en medio del caos que se produce con la irrupción de la enfermedad y la posibilidad de la muerte.

Al final de la vida, el ser humano siente la urgencia de establecer prioridades desde la perspectiva de las metas establecidas y de lo que considera verdadero y valioso. Pero, en muchas ocasiones, el paciente con una enfermedad terminal se va dando cuenta de que sus posibilidades han disminuido y que le queda poco tiempo para lograr sus objetivos cuando ya es demasiado tarde. La Dra. C. Saunders ha dedicado mucho tiempo a realizar investigaciones con este tipo de enfermos. En 1988 subrayó cómo el deseo del paciente de establecer prioridades al final de la vida podía conducirlo a cultivar un sentimiento de sentirse incapaz o indigno de vivir según estas prioridades. Esta situación genera un sufrimiento espiritual en la persona afectada.

Es importante conocer este tipo de sufrimiento y tratar de entender a quien lo experimenta. Muchas veces se puede actuar con crueldad al tratar de manejar una situación de esta índole hablándole a la persona enferma como si todo su mal se redujera a la falta de fe en Dios o acusándole de no entender que el morir en Cristo es ganancia para el cristiano, y por ello, el creyente no debe sentirse mal ante la cercanía de la muerte. Todo ser humano experimenta temor a lo desconocido y dolor ante la probabilidad de separarse de sus seres queridos en forma permanente. Por tanto, la persona necesita apoyo y orientación espiritual para aceptar la realidad de la situación que está afrontando y poder canalizar los sentimientos que le embargan.

EL SUFRIMIENTO PRODUCIDO POR EL QUEBRANTO O PÉRDIDA HUMANA

El sufrimiento causado por el quebranto o sentimiento de pérdida humana en ocasiones no recibe el asesoramiento indicado. Muchas veces se ignora la naturaleza del problema y cómo darle atención en forma adecuada. La psicología contemporánea y la religión práctica se han dado a la tarea de reflexionar en torno a éste, tomando como base algunas experiencias de sufrimiento. Se pueden mencionar la muerte, amputación de un miembro del cuerpo, divorcio, desempleo y despojo o privación. Estas experiencias del dolor humano son analizadas como ejemplos de experiencias que provocan sentimientos de pérdida y pueden desembocar en crisis si no reciben atención adecuada. Frente al dilema provocado por este tipo de sufrimiento, surgen preguntas que son motivo de preocupación y predominan como asuntos de ponderación en el estudio del sufrimiento humano. ¿Cómo podemos afrontar la pérdida? ¿Qué podemos aprender de esta pérdida? ¿Cómo podemos aconsejar a la persona que ha sufrido una pérdida? ¿Qué podemos hacer para ayudar a la persona? ¿Qué es lo más recomendable?

Hunter (1990: 1230) cita a L. Bregman el cual dice:

> Un paradigma poderoso sobre el sufrimiento fue presentado por la Dra. Elizabeth Kübler-Ross (1969) en "las cinco etapas de un moribundo" (negación, coraje, negociación, depresión y aceptación), las cuales usualmente se aplican a toda experiencia de pérdida. Son etapas normativas y no necesariamente secuenciales.

Al reflexionar en torno a las cinco etapas presentadas por la Dra. Kubler-Ross, lo ideal al enfocar el problema como meta sería la aceptación. Sin embargo, en la mayoría de los casos, la primera reacción de la persona afectada es la negación. Ésta puede ser perjudicial ya que genera otros problemas debido a que la persona se enajena de su realidad. En este modelo, la pérdida es un proceso intra-psíquico a través del cual se mueve el individuo. Se asume que toda pérdida debe ser aceptada para facilitar el mantener su contacto con la realidad. Sin embargo, en ocasiones, las personas difícilmente pueden aceptar la pérdida; se les hace más fácil utilizar algún mecanismo inconsciente de escape que afrontar la realidad que se vive. Por tal razón, el consejero pastoral debe familiarizarse en el conocimiento de las etapas señaladas por la Dra. Elizabeth Kubbler-Ross y el desarrollo de las destrezas que le ayuden a intervenir como consejero pastoral en forma eficaz.

El sufrimiento resultante de la injusticia social u opresión

Uno de los grandes dilemas respecto al sufrimiento humano está ligado a eventos que emanan de la injusticia social y la opresión. Cuando se estudia el sufrimiento humano y se observa su relación con sistemas de injusticia social u opresión, se convierte en una rama inexplicable pues no encontramos una explicación lógica para ello. Entonces, provoca una gama de interrogantes y respuestas de diversa índole en las personas. Hablando del sufrimiento como injusticia u opresión, R. Hunter cita a L. Bregman:

> Cuando evaluamos sucesos ocurridos en episodios de guerras como por ejemplo la Segunda Guerra Mundial, y analizamos su secuela de funestas consecuencias de la explosión nuclear, no podemos decir que Dios deseaba que ocurrieran estas cosas como castigo por el pecado. Tampoco podemos creer que Dios deseaba utilizar estas experiencias de dolor para dar a la humanidad corrección o aprendizaje.

Los horrores que las víctimas experimentaron, los relatos que dieron a conocer los testigos oculares que sobrevivieron en casos como Hiroshima y Nagasaki, donde ocurrieron muertes masivas y deformaciones en las personas sobrevivientes o en sus descendientes, evidencian que estos son actos de índole infrahumanos. "Es inaceptable creer que los sufrimientos causados por estos horrores, puedan ser concebidos por Dios como el castigo por el pecado".

Es inconcebible la percepción del sufrimiento como algo necesario para ayudar a la humanidad, especialmente cuando está ligado a los sistemas políticos y económicos de opresión, despojo y explotación perpetrados por los poderosos. Al conocer el sufrimiento de poblaciones que han sido invadidas y bombardeadas por ejércitos de otras naciones, destruyendo todo lo que es vida, contaminando el ambiente y generando enfermedades mortales entre la población, no se puede decir que Dios desea ese sufrimiento para darles alguna enseñanza. Al analizar los movimientos revolucionarios o las manifestaciones de protesta contra los imperios colonialistas en diferentes partes del mundo, podemos interpretar el problema del sufrimiento a la luz de la realidad que viven los oprimidos.

Experiencias de genocidio como las perpetradas contra los judíos en Alemania y plasmadas en películas, literatura y otros que nos permiten analizar fenómenos como el "Holocausto" son sumamente vergonzosas y repudiables. De igual manera, al finalizar el siglo XX la humanidad presenció las experiencias de genocidio ejecutadas por Saddam Hussein y sus ejércitos contra los kurdos. El siglo XXI inició su historia registrando actos de terrorismo realizados por fanáticos de una ideología o régimen como el ocurrido el 11 de septiembre de 2001 en las torres gemelas en EE. UU. en el que murió tanta gente inocente, o quedaron mutilados, o sufrieron daños psicológicos. Al contemplar estos sucesos con una visión humanitaria, se puede valorar cómo la experiencia del sufrimiento puede contribuir al desarrollo y creación de teologías que presentan un cuadro de la realidad de los oprimidos y su lucha por la emancipación de los sistemas de injusticia social y opresión.

El Dios que se revela en su Palabra actúa contrario al drama generado como resultado de la injusticia social y la opresión. La Biblia nos revela a un Dios de amor que no es opresor y no puede favorecer los regímenes opresivos, ni las segregaciones raciales o el racismo, ni sistemas de clases o castas que estigmaticen al ser humano. Tampoco está de acuerdo con la opresión de un sexo sobre el otro; Dios defiende la idoneidad del hombre y la mujer. A la luz de la justicia divina, la opresión es un grave mal. Dios condena la opresión (Sal 10:17-18; Jer 7:5; Am 5:10-24). Desde la óptica cristiana, el Dios de la Biblia irrumpió en la historia y se encarnó en el Hijo del Hombre, se hizo pobre, habitó entre ellos, luchó por ellos y les señaló un nuevo horizonte invitándoles a formar parte de la nueva creación. Por eso Dios está con los pobres y los oprimidos proveyéndoles iluminación y sentido de dirección. R.J. Hunter (1990:1231) cita a L. Bregman, el cual destaca que:

> El sufrimiento como injusticia y opresión no puede asimilar el proceso de paradigma que se mueve de la negación a la aceptación porque la respuesta humana ideal a este sufrimiento es luchar contra él. La aceptación sería una capitulación ante las fuerzas del mal, la "regla de esta edad". La psicología pastoral usualmente ignora o no juega ningún papel para atender este aspecto del sufrimiento, y con ello, adopta una postura que no contribuye a la sanidad integral de la persona que sufre.

No obstante, si se quiere enfocar el asunto desde una perspectiva bíblica, lo más recomendable es conocer a Jesús e incorporar en la propia conducta las enseñanzas a sus discípulos. De acuerdo al consejo de Jesús debemos propiciar en el nivel interpersonal el amor ágape como norma principal de acción contra la opresión y la explotación (Lc 10:25-37). El episodio narrado por Jesús destaca la necesidad de eliminar las actitudes prejuiciadas hacia las etnias y la necesidad de vivir en el vínculo del amor ágape, donde no se hace acepción de personas. El amor ágape sirve de motivación fundamental de la conducta y medio para proveer bienestar individual y colectivo (Lc 10:25-37; Ro 13:8-10; 1 Co 13). Amor y justicia son criterios esenciales en el contexto del cuidado pastoral y la consejería. Por tal razón, la consejería pastoral debe ser ofrecida por una persona cuya vida esté cimentada en el amor de Cristo como distintivo de una vida centrada en el servicio a Dios y a la humanidad.

EL SUFRIMIENTO COMO ABORRECIMIENTO DE SÍ MISMO

El aborrecimiento de sí mismo y el complejo de culpa son motivo de honda preocupación en el estudio de la conducta humana. Cuando no son atendidos adecuadamente, pueden generar conflictos en las percepciones del ser humano sobre su persona y su realidad existencial. Hunter (1990:1232) cita a L. Bregman para el cual:

Esta rama del sufrimiento preocupa por igual a los psicoterapeutas y consejeros y es un asunto muy serio de ponderación en la actualidad por lo cual es objeto de estudio en una diversidad de teorías psicológicas. Los psicólogos, la psicología existencial y las teorías humanistas que tratan sobre el desarrollo de la persona han interpretado los factores causales del sufrimiento como aborrecimiento de sí mismo y como culpa desde diferentes perspectivas.

Los estudiosos de la conducta humana reconocen la presencia del fenómeno del sufrimiento como aborrecimiento de sí mismo y como culpa en la personalidad del ser humano. Este sufrimiento puede ser resultado de diversos factores, pero muy especialmente de la internalización de situaciones relacionadas con la opresión, la injusticia y la explotación. Para L. Bregman:

> La situación anómala de la presente sociedad puede generar en el ser humano la internalización de una sensación de vacío interior y pérdida de valor. La misma puede ser expresada en una autoestima baja, usualmente acompañada por una barrera de supresión narcisista. El individuo puede haber nacido con un potencial extraordinario hacia el crecimiento, pero el mismo fue bloqueado o suprimido a temprana edad, provocándose un estado de tensión interior, de desarmonía y sentimiento de pérdida. Para muchos terapeutas y teoristas psicólogos, las tradiciones religiosas han contribuido al cultivo de estos conflictos.

Algunas tradiciones religiosas han enfocado este tipo de sufrimiento desde una perspectiva equivocada, generando conflictos en la vida de sus seguidores. El énfasis en los dogmas por encima de la revelación de Dios en su Palabra ha causado daño ya que se han asumido posiciones arbitrarias relacionadas con la salvación, el pecado y la santidad, provocando disturbios emocionales en la persona afectada. En lugar de ayudar a buscar alternativas para la solución de los conflictos, se ha contribuido al desarrollo de complejos de culpa que han provocado conflictos más graves y deteriorado la salud mental del individuo, así como su relación con Dios y con los demás seres humanos.

Contrario a las actitudes que algunas tradiciones religiosas han sustentado, se deben fomentar enseñanzas bíblicas que estén fundamentadas en el amor ágape. El consejo de Jesús en Mateo 19:19, 22:39 y Marcos 12:31: "Amarás a tu prójimo como a ti mismo" continúa en vigencia a través de la historia. "El amar al prójimo como a uno mismo", implica "auto-amarse", lo cual es el fundamento para la acción ética sana de la persona. Toda persona podrá amar a otra en la medida en que aprenda a amarse a sí misma, cultivando un concepto sano de su dignidad humana, valorizándose en su justa perspectiva y prodigándose amor.

El complejo de culpa y su relación con la salud ha provocado grandes debates, sobre todo cuando se pregunta ¿Es toda culpa neurótica o es resultante del pecado? ¿Es tarea del terapeuta aliviar todo sentimiento de culpa ayudando al enfermo a sentirse mejor consigo mismo? ¿Será necesario el auxilio de un consejero pastoral ?¿Qué papel juega el consejero pastoral en el proceso de sanidad de la persona afectada por el complejo de culpa? El contexto moral del cuidado pastoral tiene un gran significado ya que enfatiza la importancia constructiva de la función normativa de la tradición religiosa y de la comunidad, proveyendo una guía práctica y un marco de trabajo adecuado para el crecimiento hacia la madurez desde una perspectiva terapéutica.

EL SUFRIMIENTO CAUSADO POR LA MARGINACIÓN SOCIAL

En la complejidad de la vida actual y debido a sus múltiples ocupaciones, las personas no disponen de tiempo para compartir con otras, especialmente en el vínculo más íntimo que es el filial. La familia ha traspasado muchas de sus funciones a otras personas o instituciones puesto que sus integrantes no tienen tiempo para cumplir con sus múltiples actividades. Por ende, quedan desatendidas las necesidades de la niñez y de las personas envejecidas, así como actividades básicas tales como la confección de alimentos y la educación en el hogar, la transmisión de valores y el cultivo de la fe en Dios y de relaciones humanas saludables.

A diario ocurren tragedias como resultado de la situación de desamparo en que han vivido personas envejecidas o la niñez. Actualmente, la niñez, adolescentes y ancianos son los más expuestos a afrontar largas horas de soledad o a ser colocados bajo la atención o cuidado de personas ajenas al núcleo familiar.

¿Cómo se siente un niño o una niña que es sacado de su cama a las 5:00 a.m. porque papá y mamá van a trabajar? No sólo se ve afectado por el horario en que debe levantarse. En la mayoría de los casos, regresa a su hogar después de las 6:00 p.m. ¿Qué ambiente rodea a esa persona indefensa durante todas esas horas? ¿Cómo se siente? ¿Con quién se identifica más?

Igualmente acontece con la población de ancianos. Durante el siglo XX la vida se prolongó de una manera especial, provocándose un crecimiento extraordinario de la población envejecida en todo el mundo, especialmente en los países más industrializados. En Puerto Rico por ejemplo, según el censo del año 2000, el 15.4% de la población es mayor de 60 años. Existe un incremento en la población envejecida en las edades de 45-64 años y de 65 años o más, mientras que ocurre una disminución en la proporción de la población menor de 15 años. Se proyecta que para el año 2010 en Puerto Rico, la población envejecida haya tenido un incremento mayor y el 17% de la población sea mayor de 60 años. A la par que aumenta la población envejecida, abundan más los casos de ancianos desatendidos por su familia inmediata. Sencillamente, los hijos o hijas no tienen el tiempo para visitar a la persona envejecida, comprarle sus medicamentos, alimentos y artículos de uso personal. En medio de su soledad, la persona envejecida está expuesta al robo, al abuso sexual, a los accidentes en el hogar, a no tener una dieta balanceada, a utilizar en forma inadecuada los medicamentos recetados y a otros problemas. ¿Cómo se siente la persona envejecida en su soledad? ¿Qué temores afectan su salud mental? ¿Qué sufrimientos le embargan?

Es cierto que la soledad duele. La sociedad actual tiene mucha gente solitaria que, al igual que los niños y los ancianos, sufren marginación social. Grupos marginados son los viudos, las viudas, los divorciados y también las personas que nunca se han casado y están en la edad del adulto envejecido joven o maduro. Paralelamente a este grupo, hay unas poblaciones que cada día van creciendo en forma descontrolada que incluyen a los drogadictos, las personas que han estado en prisión, los pacientes de SIDA, los pacientes de enfermedades contagiosas por transmisión sexual y los deambulantes. A muchas de estas personas se les estigmatiza, y esto hace que su situación sea más dolorosa.

La marginación social puede generar en la persona que la experimenta una autoestima pobre, convirtiéndola en un ser deprimido, rebelde, un paciente psiquiátrico, una persona adicta a las drogas con receta médica o en forma ilegal, o que se refugia en el alcoholismo o en un suicida potencial. Muchos males sociales de la actual sociedad podrían disminuirse si se le diera atención a la gente solitaria y, en lugar de ser marginados, recibieran una pastoral orientada a darles apoyo. Ante tal situación debemos preguntarnos si las iglesias necesitarán capellanes que den atención a las familias y a los solitarios de hoy.

Conclusión

El problema del sufrimiento humano ha sido enfocado desde perspectivas filosóficas, teológicas, sociológicas, éticas, y psicológicas. A pesar de ello, el ser humano continúa afrontando grandes interrogantes ante el dilema del sufrimiento. Para la pastoral del siglo XXI y para los estudiosos de la conducta humana, el sufrimiento humano es una realidad que no podemos negar y debe ser atendida desde su justa perspectiva. Es necesario atender el drama provocado por el sufrimiento con plena conciencia del escenario en que se desenvuelve.

También debemos asumir una actitud comprensiva y de apoyo a la persona que está enfrentando el dilema del sufrimiento, reconociendo que Dios no tiene necesidad de provocar el sufrimiento en el humano para corregirlo, ayudarlo a superarse, lograr su fidelidad o santificación. Aunque es cierto que el sufrimiento humano es una experiencia subsecuente a la caída, no necesariamente representa que la persona que lo está experimentando ha cometido pecado y está purificándose. En ocasiones, el sufrimiento es provocado por personas inescrupulosas que escogieron vivir fuera de la voluntad de Dios y nos causan daño. Otras veces, nosotros mismos al tomar decisiones equivocadas nos hacemos daño. Hay momentos en que el sufrimiento es producto de desórdenes que ocurren en el medio ambiente. Repetidamente, nuestro sufrimiento resulta de nuestra misma naturaleza mortal pues estamos expuestos a enfermedades y a la muerte. Empero Dios irrumpe en el drama provocado por el dolor para ayudarnos a enfrentarlo y nos da apoyo y consolación.

A pesar de que el problema del sufrimiento plantea muchas interrogantes, los creyentes en Cristo podemos dar testimonio de cómo el auxilio divino puede transformar la realidad de la persona que sufre, haciendo provisión a través de los creyentes para darle apoyo y socorro. En la experiencia del sufrimiento, quienes se refugian en Dios aprenden a valorar la bondad y misericordia divina, convirtiendo una experiencia que pudo ser dolorosa o de fracaso, en una de crecimiento y maduración que les permitirá ayudar a otros que viven experiencias parecidas.

El Antiguo Testamento y el Nuevo Testamento enfatizan la responsabilidad de los creyentes de acudir en auxilio de las personas en necesidad. La identidad de Jesús con los menesterosos y desvalidos fue total: "cuando lo hicisteis a uno de estos mis hermanos más pequeños, a mi lo hicisteis" (Mt 25:40). Así Jesús dio a conocer que la verdadera religión se proyecta en servicio en favor de las personas que sufren y se hallan desamparadas.

PREGUNTAS DE REPASO

1. ¿Por qué existe tanto sufrimiento en el mundo?
2. ¿Considera que Dios desea que el ser humano sufra para que llegue a ser mejor? Si su respuesta es negativa, presente argumentos a favor de que Dios no es el autor del sufrimiento.
3. Contraste los planteamientos teológicos del filósofo griego Epicuro con los del rabino judío Harold S. Kushner y lo que nos dice el Salmo 121:1-2 en relación al sufrimiento humano.
4. Explique cómo Dios transforma la experiencia del sufrimiento humano en una experiencia positiva desde la perspectiva teológica paulina.
5. Destaque las causas que provocan el sufrimiento humano y explique por qué el Dios de la Biblia no puede ser el causante de semejante infortunio.
6. Presente argumentos sobre la importancia de que el capellán o capellana tenga un conocimiento apropiado del sufrimiento humano.

3

Una pastoral de esperanza en un mundo en crisis

EL CUIDADO PASTORAL

Cuando hablamos del cuidado pastoral, es necesario clarificar qué entendemos por pastor o pastora. En la actualidad, muchas veces se distorsiona la imagen o percepción en torno a la figura pastoral y se le estigmatiza. Sin embargo, la Biblia nos presenta una idea clara del oficio de la persona que se desempeña en el encargo pastoral.

Pastor: Aquella persona que funge como guía espiritual en la iglesia cristiana y cuya función primordial es cuidar las vidas que Dios llama a la salvación. El Salmo 23 utiliza la figura del pastor cuidando del rebaño que están en el redil, destacando la actitud de entrega y compromiso en el ejercicio de sus funciones y la mutua relación entre el pastor y sus ovejas. Al actualizar y contextualizar la imagen bíblica de la figura del pastor y su rebaño (Sal 23) con el guía espiritual de la iglesia (pastor o pastora) y la iglesia, se aprecia una serie de enseñanzas respecto al cuidado pastoral de la gente. La escena bíblica plasma la imagen del pastor cuidando de las ovejas heridas, cansadas o desalentadas y cómo su obra hace la diferencia al llevarlas a aguas de reposo y pastos delicados. La ilustración enfatiza la relación estrecha y de afecto existente entre el pastor y sus ovejas. Él las ama, las conoce por su nombre, las protege, vive con ellas y sale a buscar a la descarriada. Ellas conocen su voz y no seguirán a otro (Jn 10).

Dios como creador y sustentador del universo también es el pastor por excelencia. Jesús es identificado como el "pastor por excelencia" (Jn 10:11); es reconocido como " el gran pastor" (Heb 13:20) y como "el Príncipe de los pastores" (1 P 5:4). De la misma manera en que Jesús funge como el buen pastor, sus discípulos son identificados como sus ovejas, no en el sentido de animales irracionales, sino como seguidores obedientes y sabios que han escogido seguir al único que puede guiarlos a los mejores lugares y por caminos seguros. El pasaje bíblico enfatiza las cualidades de las ovejas tipificando a personas, en este caso, discípulos que siguen a un líder. Cuando permitimos que Dios nuestro pastor nos guíe, tenemos contentamiento por difícil que sea la situación. Dios como pastor conoce el tratamiento adecuado que debe recibir el creyente que se encuentra en situaciones adversas.

El pastor debe actuar a semejanza de Jesús y obrar para satisfacer las necesidades de la gente que sufre, tomando en consideración las expectativas que estos poseen de su ministerio:

1) Debe conocer al ser humano en forma integral, dando especial atención a su responsabilidad como especialista del alma humana.
2) Debe valorar el hecho de el poder de Dios en su persona y que la gente percibe su ministerio como el instrumento de Dios para atender sus necesidades espirituales.
3) Debe estar consciente de que ejerce una función sacramental al reflejar en su ministerio la presencia de Dios en la comunidad de creyentes.
4) Debe ser un modelo de acuerdo a las enseñanzas dadas por Jesús a sus discípulos. La gente interiorizará mejor sus enseñanzas más por lo hace que por lo que dice.
5) Debe ser sensible al dolor humano, identificándose con los que sufren, especialmente con los marginados, con los que viven en la periferia, y entendiendo su realidad.

6) Debe estar consciente de su propia vulnerabilidad. Sólo en la medida en que conozca su naturaleza humana finita e imperfecta podrá tener compasión y empatía.
7) Debe asumir una actitud de compromiso total en intensidad y en calidad.

Pablo escribe a los de Corinto: "¿Quién enferma y yo no enfermo? ¿A quién se le hace tropezar y yo no me indigno?" (2 Co 11:29 RV). En la Nueva Versión Internacional de la Santa Biblia (1999:1214), el pasaje de 2 Corintios 11:29 dice: "¿Cuando alguien se siente débil, no comparto yo su debilidad? ¿Y cuando a alguien se le hace tropezar, no ardo yo en indignación?" Con sus palabras, Pablo daba testimonio de la empatía y preocupación que experimentaba hacia las personas en las iglesias. En su tercera carta, hablando en términos de un compromiso más profundo, Juan dice: "No tengo mayor gozo que éste, el oír que mis hijos andan (practican) en la verdad" (3 Jn 3-4). Con la expresión "mis hijos", Juan como "padre espiritual de muchos" enfatiza el sentimiento de identidad como si fueran lazos filiales entre el ministro y las personas convertidas al evangelio a través de su ministerio. De ahí su preocupación por la salud espiritual de las personas convertidas que Dios ha colocado bajo su cuidado.

El objetivo de la orientación y apoyo espiritual ofrecido por el pastor o consejera pastoral es el de potenciar el amor hacia Dios y hacia nuestro prójimo según el mandato divino. El amor es una relación responsable hacia Dios y hacia el ser humano condicionada por la interiorización de los mandamientos de Dios de manera que sean plasmados en la conducta del creyente. El cuidado pastoral usualmente representa una dimensión más intensiva e inclusiva en la tarea ministerial de conversar con personas o grupos que buscan orientación moral o espiritual en forma interpersonal. R.J. Hunter (1990: 837) cita a Seward Hiltner (1958) y Clebsch & Jaeckle (1964) quienes sugieren que el cuidado pastoral incluye las funciones pastorales de sanidad, sostén, guianza y reconciliación, especificando el contenido preciso del cuidado. Limitan el cuidado a aquellos casos en los cuales existe el sentido de la necesidad individual y la buena voluntad de aceptar la ayuda. Insisten en que el cuidado en "última instancia" puede tener un significado de relación con la fe cristiana en la que se fomenta una profunda fe y relación con Dios. R.J. Hunter (1990:845) señala que:

> En el contexto americano contemporáneo usualmente el cuidado pastoral se utiliza de una manera amplia e inclusiva para hacer referencia a todo el trabajo pastoral relacionado con brindar apoyo y nutrir las relaciones personales e interpersonales, incluyendo las expresiones diarias del cuidado e interés que ocurren en medio de las diversas actividades de la pastoral y las relaciones.

Para Hunter la consejería pastoral trata del cuidado ministerial estructurado y enfocado para atender ciertas necesidades e intereses de la persona afectada. Él señala que la consejería generalmente implica conversaciones extensivas enfocadas en las necesidades e intereses de alguien que busca ayuda. Mientras tanto, el cuidado en algunas de sus expresiones abarca conversaciones más breves y de menor complejidad terapéutica que la consejería, como el ministerio de dar apoyo y sostén en las visitas a los enfermos. El término también se aplica a ministerios no conversacionales en los cuales las dimensiones más significativas del cuidado son el ministerio de presencia, administrar la comunión, conducir un funeral o la enseñanza pastoral. El ministerio de presencia brinda apoyo y protección a la persona que sufre, incluso en situaciones en que el consejero no encuentra palabras adecuadas para consolar a la persona. Su llegada al escenario en que está la persona afectada le transmite el mensaje de que no está sola o a merced de las circunstancias, sino que Dios hace provisión para el oportuno socorro en la persona del ministro.

Fundamento bíblico/teológico para el ministerio de consejería y/o capellanía

El amor es el fundamento sobre el cual descansa todo ministerio cristiano. En conformidad con la teología cristiana, "Nosotros amamos porque Dios nos amó primero" (1 Jn 4:19; Ro 5:6). Dios es la fuente del motivo del amor, y éste, por su parte guía el alma de regreso a Dios como el objeto del amor. Pablo nos dice: "Todas vuestras cosas sean hechas en amor" (1 Co 16:14). El amor es comunión entre personas, es una acción de entrega personal. Se destaca el amor como el más excelente de los dones (1 Co 13). Es el punto de contacto entre Dios y el ser humano. Nadie puede vivir una vida de servicio al prójimo si no sucede en el vínculo del amor que brota del Espíritu. Jesús resume toda la ley en el precepto del amor de Dios y del prójimo (Mc 12:28-31; Mt 7:12). Por lo tanto, se puede apreciar que el amor al prójimo está inmerso en el amor a Dios (1 Jn 3:14-22; 4:20) y en él se funda (Mt 5:45). Tanto el amor a Dios (Mt 7:21; cf. Lc 6:46; Mc 10:19) como el amor al prójimo, para que sean veraces han de ser efectivos (Mt 5:21-2; 38-47; 25:34-46). El amor al prójimo es un mandato siempre vigente (Lv 19:18; Mt 19:19; 22:39; Lc 10:27; Stg 2:8).

El amor según la enseñanza bíblica se expresa en acciones concretas:

1. "No busca lo suyo" (1 Co 13:13): El amor consiste en lo que se requiere de forma individual, cotidiana y concreta de cada cristiano; debe estar orientado a servir al prójimo fundamentado en el amor a Dios y practicado en un marco de fe, esperanza y caridad.
2. Demuestra empatía (Ro 12:15): Se identifica con la persona en sus alegrías o fracasos. Hay un llamado a seguir el ejemplo de Cristo: "Acogeos así como Cristo os ha acogido".
3. Comparte bienes (1 Jn 3:17-18; Stg 2:14-17): El verdadero creyente no puede permanecer indiferente a la necesidad del que sufre, sino que se hace solidario y practica el principio de mayordomía responsable.
4. Se conduele y consuela (Job 2:11-13; 42:11): Se espera que el creyente acuda en auxilio de la persona que sufre para serle útil. Pero debe educarse de modo que su intervención sea de bendición y de ayuda, no de fiscalización como en el caso de los amigos de Job.
5. Conforta (Lc 10:25-37): Provee alivio y da atención al dolor del que sufre.
6. Aconseja en forma sabia (Ex 18:7; 17-27): Provee sentido de dirección en la toma de decisiones.
7. Edifica (1 Co 8:1; 1 Ts 5:11): Hay una invitación a tener cuidado de los débiles en la fe evitando acciones que aunque no tienen implicaciones morales, si son distorsionadas, traen confusión.

Aptitudes necesarias para actuar de consejero(a)

Pablo escribe: "Pero estoy convencido de vosotros, hermanos míos, de que vosotros mismos estáis llenos de bondad, llenos de todo conocimiento, y capacitados también para amonestaros los unos a los otros" (Ro 15:14). La percepción de Pablo es que a todos los creyentes Cristo los ha bendecido, mostrándose paciente y acogiéndolos en su seno, identificándose profundamente con sus necesidades, por lo que deben ser instruidos y aptos para hacer lo mismo con los demás. El apóstol enfatiza que para lograrlo, la bondad y el conocimiento son aptitudes indispensables para ser un buen consejero. El verdadero conocimiento está cimentado en Dios y se plasma en la persona y obra de Cristo, del cual también emana la bondad divina. La Biblia centra la bondad en Dios. La bondad de Dios siempre promueve activamente la verdad y la justicia. Por tanto, es en la persona de Cristo y a través de él que los creyentes son capacitados para ser llenos de bondad y de todo conocimiento.

En Colosenses 3:16 Pablo señala la importancia de la consolación: "Que habite en ustedes la palabra de Cristo con toda su riqueza: instrúyanse y aconséjense unos a otros con toda sabiduría" (NVI 1999:1233). Enfatiza la consolación como la responsabilidad mutua como parte de la actividad normal de los miembros de una congregación. Pero debe efectuarse enmarcada en la "sabiduría" que emana del conocimiento de la Palabra. Por ende, se puede apreciar que una buena consejería cristiana debe ser ofrecida por un buen hermeneuta bíblico. Cuando el apóstol habla de la importancia de la exhortación en medio de la comunidad de creyentes, está haciendo alusión al verbo *parakaleo*, término que originalmente indica un requerimiento o acercamiento, con la misma raíz que se utiliza para hacer referencia a consolador o abogado (Jn 14:16). Es vital reconocer que el sentido aquí conlleva la idea de consolación o fortalecimiento. La Escritura presenta a Cristo como la consolación de Dios para la humanidad (Lc 2:25; 2 Ts 2:16) y es por medio de su ruego que Dios envía al gran Consolador (el Espíritu Santo) para que esté con los creyentes (Jn 14:16).

CUALIDADES PERTINENTES AL MINISTERIO DE LA CONSEJERÍA Y/O CAPELLANÍA

La persona que funge como consejero o capellán debe tener ciertas cualidades si desea tener aceptación, tales como:

1. *Poseer madurez emocional y espiritual*: No debe tener más alto concepto de sí que el que debe tener (Ro 12:3) sino pensar de sí con cordura.
2. *Debe desarrollar empatía*: Debemos sobrellevar los unos las cargas de los otros (Gl 6:2), siguiendo el ejemplo de Cristo. Un buen consejero cristiano debe identificarse con el dolor de la persona que sufre y ayudarle a llevar la carga en la medida en que se hace solidario con la persona afectada.
3. *Poseer integridad* (Job 36:4): Debe ser una persona intachable.
4. *Cultivar un espíritu apacible* (Pr 15:4): Que transmita paz en sus interacciones con otros.
5. *Ser una persona compasiva* (1 P 3:8): Ser sensible al dolor de quien sufre y condolerse por sus aflicciones.
6. *Ser amable* (Ef 4:32): Agradable y servicial.
7. *Tener misericordia* (Lc 6:36): Ser perdonador, no señalando las culpas ajenas para afrentar a la persona ; más bien sino reconocer que el ser humano es un ser vulnerable y frágil.
8. *Ser una persona amigable* (Pr 18:24): que proyecta disponibilidad para compartir con la otra persona en forma afectuosa.
9. *Actuar con prudencia* (Pr 14:15): Capacitado para prever las faltas y peligros y no se expone a ellos en forma innecesaria.
10. *Ser una persona confiable* (Flp 4:13): Ser veraz y decir y sostener la verdad; que sabe respetar y utilizar adecuadamente el principio de confidencialidad.
11. *Asumir una actitud de cooperación* (Sal 133:1): Demostrar que está dispuesto a dar la ayuda necesaria según su potencial con el propósito de satisfacer la necesidad de la persona afectada.
12. *Actuar con diligencia* (Col 3:23): No posterga el servicio que puede brindar a la persona afectada, sino que actúa en el momento preciso.

13. *Desarrollar el arte de la comunicación efectiva*: Sabe escuchar y es buen transmisor de la Palabra de Dios (1 P 4:11); se preocupa por ser buen hermeneuta bíblico y se expresa en el lenguaje que la gente entiende. Se cuida de no sacar de contexto la Palabra de Dios y evita tergiversar las enseñanzas contenidas en la Biblia.
14. *Capaz de tolerar las diferencias individuales* (Gl 3:28): Está consciente de la pluralidad y la heterogeneidad existente en los grupos humanos; puede comunicarse en forma efectiva en medio de opiniones divergentes; sabe respetar a la otra persona, aún cuando no comparta su punto de vista.

La comunicación efectiva entre la persona que ofrece la consejería y la persona que la recibe dependerá en gran parte de que las cualidades antes mencionadas se vean plasmadas en la ejecutoria de la consejera en sus interacciones con la persona aconsejada. A veces no se puede acudir a la persona que trabaja como consejero pastoral ya que su público le ha perdido la credibilidad y no le tienen confianza. Por lo tanto, junto al conocimiento y al desarrollo de las destrezas para laborar en el área de consejería, el consejero o capellana debe poseer las virtudes que le ayudarán a tener un mayor grado de aceptación entre las personas a las cuales ofrece sus servicios y sus familiares.

Conclusión

La persona que se desempeña como capellán ejerce una función pastoral que debe seguir el modelo de Jesús y las enseñanzas bíblicas en relación al oficio del cuidado pastoral (Sal 23; Jn 10:11; Heb 13:20; 1 P 5:4; 2 Co 11:29; 3 Jn 3-4). Conocer al género humano en su manifestación masculina y femenina en forma integral como seres creados a imagen de Dios, ayudará a la capellana a entender mejor los conflictos que la persona que está bajo su cuidado está confrontando. Tener conciencia de las responsabilidades contraídas con Dios y la humanidad al aceptar el oficio pastoral es fundamental para poder asumir una actitud de compromiso enfocada a responder con acierto a las expectativas que la gente posee sobre la función ministerial de la persona que funge como guía espiritual o representante de Dios en la iglesia y en la comunidad.

PREGUNTAS DE REPASO

1. Analice la función pastoral en el contexto del Salmo 23.
2. ¿Por qué el cuidado pastoral debe seguir el modelo de Jesús?
3. Compare el oficio de la persona que ejerce la pastoral con la labor que realiza un capellán.
4. Presente argumentos en torno al fundamento bíblico teológico del ministerio de capellanía y/o consejería.
5. Explique por qué el amor es un fundamento indispensable en la tarea de ministrar a otras personas.
6. Destaque la relevancia de saber cultivar las cualidades pertinentes al ministerio de consejería y/o capellanía. Dé algunos ejemplos.
7. Señale algunas enseñanzas contenidas en Romanos 15:14 y Colosenses 3:16 identificando aptitudes que deben poseer las personas que ejercen la capellanía y/o consejería.

4
El cuidado del paciente y el trato de su sufrimiento

Introducción

La enfermedad es la alteración de la normalidad de cada sujeto en su esfera física, mental o espiritual, ya sea que esta anormalidad sea percibida o no por la persona que la padece. El cuidado del paciente requiere una atención especial por parte de las personas que le dan atención: profesionales de la salud, familiares y consejeros espirituales que laboran para dar bienestar al enfermo. Cada una de las personas que ofrecen sus servicios al paciente están llamadas a darle atención desde una perspectiva de trabajo en equipo, colaborativo e interdisciplinario.

Ocasionalmente, la situación de enfermedad y el medio ambiente físico y humano que rodean al paciente no son los mejores. Por ello, la responsabilidad que recae sobre el consejero espiritual es mayor ya que debe tratar de entender cómo se siente la persona afectada por la enfermedad. Es necesario observar cómo esa situación altera la vida entera del paciente, sus interacciones con las demás personas y con su familia en particular.

El presente capítulo trata de presentar una cosmovisión sobre el tema: "El cuidado del paciente y el trato de su sufrimiento".

También incluye el artículo: "La hospitalización de la persona enferma". Su propósito es ayudar al consejero espiritual a visualizar la realidad que vive la persona enferma y desarrollar empatía hacia él o ella.

La situación de enfermedad

Generalmente la enfermedad designa un estado del organismo caracterizado por el desequilibrio y la modificación de las constantes vitales conservadas en el estado de homeostasis. La homeostasis es la tendencia de un sistema biológico a mantener un equilibrio dinámico mediante la actuación de mecanismos reguladores. La enfermedad causa un estado de desequilibrio y de alteración de las funciones del organismo debido a agentes patógenos externos, internos, físicos, químicos o mecánicos. Patógenos es un término de origen griego, *pathos* es dolencia y *gennáo* significa engendrar.

Toda enfermedad se manifiesta mediante signos y síntomas, diferenciándose ambos por el hecho de que las alteraciones originadas son percibidas por el médico al realizar el examen clínico mientras que los síntomas son apreciados por el propio paciente. La transición de la salud a la enfermedad provoca en la mayoría de las personas experiencias indeseadas, tensas y traumáticas. El curso de desarrollo de cualquier enfermedad conlleva dolor, sufrimiento, miedos, ansiedades, pérdida de la privacidad, rompimiento con sus hábitos y actividades diarias y pérdida de su cama o lugar de descanso (su habitación). En muchos casos, la persona afronta salida del hogar y traslado a un lugar desconocido, aislamiento de sus actividades sociales y sentido de la propia vulnerabilidad y fragilidad. La persona puede desarrollar una sensación de desamparo.

Simultáneamente, el paciente y sus familiares pueden ser confrontados con experiencias que envuelven diversos sentimientos e interrogantes tales como sentimientos de culpa y perdón, disminución de la auto-estima, limitación en las expectativas del futuro, así como preguntas sobre el significado de la vida y de la muerte, el más allá y la divinidad. Todas estas interrogantes preocupan al ser humano en todo tiempo pero se intensifican durante la enfermedad. Por esta razón, el cuidado pastoral del paciente representa un reto significativo en la tarea del cuidado y consejería pastoral.

NATURALEZA Y SIGNIFICADO DE LA ENFERMEDAD

La enfermedad es una condición que implica un deterioro físico, mental y emocional que causa sufrimiento a la persona. Toda enfermedad presupone que la norma de salud ha disminuido por alguna causa hasta entonces desconocida. La norma de salud en forma objetiva se puede definir por el establecimiento de ciertos parámetros en el funcionamiento físico, mental y emocional de la persona. En forma subjetiva, la salud se describe como una sensación general de "sentirse bien" o estar bien. La salud es un estado del ser biológico en el cual se ejercen normalmente todas las funciones del organismo. Estar enfermo es diagnosticado tomando como base los síntomas de la enfermedad.

La fase inicial de una enfermedad suele caracterizarse por la presencia de signos leves y aislados designados pródromos (malestar que precede a una enfermedad). A la etapa prodrómica sucede la llamada de estado en la que alcanzan su completo desarrollo todos los síntomas que definen la enfermedad.

Frente a la enfermedad, la primera tarea es hacer todo lo posible por identificarla, eliminarla y superarla utilizando los recursos y tecnologías disponibles para dar tratamiento a la persona enferma. Sin embargo, no siempre los esfuerzos humanos en el tratamiento de una enfermedad aseguran los resultados deseados. El descubrimiento de la enfermedad, especialmente en aquellos casos en que la persona no podrá recuperar la salud, produce una cadena de sentimientos diversos que van del miedo al choque o sobresalto, de la negación a la aceptación, de la rabia a la tristeza, de la culpa a la esperanza en la persona afectada.

La enfermedad representa un choque con la propia fragilidad humana y lleva al enfermo a una nueva lectura e interpretación del mundo y a una percepción distinta de sí mismo. Por primera vez la persona se percata de que no posee todo el control de su propio mundo. Percibe su enfermedad como una violación de la propia integridad. La pérdida de integridad es sentida con mayor profundidad a nivel social en la medida en que puede conllevar un aislamiento psicológico del propio estrato social, acompañada de sentimientos de abandono y soledad resultantes de este aislamiento.

EL HOSPITAL

Como resultado de la difusión del cristianismo, en el siglo IV d.C. se registró un aglutinamiento de centros para atender a los enfermos alrededor de las comunidades religiosas. Fue en el seno de la iglesia donde primeramente se dio atención a las personas enfermas. Durante la Edad Media, la mayor parte de las órdenes religiosas crearon los llamados *hospitia*, los cuales funcionaban como casas de refugio donde se recogían pobres y peregrinos por tiempo limitado. Las *hospitia* en su calidad de refugios, proporcionaban abrigo, protección y una precaria asistencia sanitaria que se ofrecía a viajeros y peregrinos. Estos centros o refugios fueron precursores de lo que hoy conocemos como hospitales.

Hoy día, el hospital es un establecimiento donde se alberga a enfermos para proporcionarles todo tipo de asistencia sanitaria a la vez que se dispone de las instalaciones y de la infraestructura necesaria para desarrollar funciones paralelas como la investigación y la enseñanza de la medicina.

LA HOSPITALIZACIÓN DE LA PERSONA ENFERMA

Toda hospitalización representa una crisis. La persona enferma tiene que abandonar el medio ambiente que le provee seguridad, el hogar y su núcleo familiar, para ser trasladado a un ambiente distinto y desconocido. La salida del hogar hacia el hospital produce incertidumbre en la persona enferma y le hace sentir muy vulnerable. Su familia también se siente afectada por la situación que vive la persona enferma.

La llegada al hospital y el efecto que produce en el enfermo

El hospital es el lugar en el cual se interna al enfermo para ofrecerle el cuidado necesario bajo la asistencia médica y la del personal que labora en la institución. En ocasiones, el hospital no es el lugar más hospitalario. Las experiencias de la persona enferma

al llegar al hospital muchas veces no son agradables y provocan malestar en la persona y en sus familiares. Ejemplos de situaciones afrontadas por las personas enfermas al llegar al hospital so
1. Las personas que atienden al enfermo no siempre le ofrecen la seguridad y relajamiento que el paciente necesita al llegar al hospital.
2. El tiempo de espera, anterior al examen realizado por el médico, generalmente tiende a aumentar la inseguridad y ansiedad en la paciente.
3. Las pruebas realizadas por el personal de enfermería como toma de presión, pesaje, temperatura del cuerpo y otras, en el lapso de espera anterior a la entrevista con el médico, contribuyen a aumentar la ansiedad en la persona enferma.
4. La pérdida de privacidad hace que la persona enferma se sienta molesta con el ambiente que le rodea.
5. La presencia de otras personas enfermas, las cuales en ocasiones pueden estar gravemente heridas, quemadas o aquejadas por alguna grave enfermedad, aumenta la situación de tensión y angustia en la persona enferma.

La admisión del paciente en el hospital

Cuando el médico decide hospitalizar a la persona enferma, esto le produce mayor ansiedad ya que entiende que su situación es de tanto cuidado que el médico ha decidido internarlo. Tan pronto se inicia la observación y análisis en el laboratorio, el paciente se pregunta: ¿Por qué el médico me dejó en el hospital? ¿Qué enfermedad tengo yo? ¿Será grave?

Restricciones de la hospitalización y su efecto sobre la persona enferma

Toda hospitalización representa cambios bruscos en la vida del paciente:
1. Cambia su estilo de vida: La ropa que denota sus rasgos de personalidad es substituida por la vestimenta apropiada para el hospital, identificándolo con la comunidad de enfermos.
2. Representa pérdida de privacidad:

a. En la mayoría de las ocasiones, al paciente se le asigna un cuarto que debe compartir con gente desconocida.
b. Bajo ciertas circunstancias, la paciente, se ve confinada a su cuarto con visitas restringidas.
c. La persona enferma tiene que sujetarse al horario impuesto según la política del hospital y dejarse guiar por personas que determinan cuándo debe despertarse, bañarse, comer, tomar sus medicamentos o dormir.
d. La decisión de qué comer y cómo preparar la dieta diaria está ceñida a las directrices del médico y de la dietista.
e. El paciente está expuesto al público en la medida en que comparte su cuarto con otras personas que también reciben visitas. Los visitantes a veces no tienen tacto para hablar o conducirse en el período de visitas.

Reflexión seria sobre la vida

Cuando la situación de enfermedad es grave y se prolonga la estadía del paciente en el hospital, esta persona comienza a preocuparse y a cuestionarse si saldrá del hospital con vida. Inicia un proceso de negociación con Dios, trazando planes sobre aquellas cosas que han quedado inconclusas en su vida o identificando aquellas que le gustaría hacer y no ha hecho. Bajo esa situación, cuando los informes de los médicos no son favorables, el paciente puede sumirse en un estado depresivo. Es en ese momento cuando los servicios brindados por el personal de capellanía son más necesarios. El capellán debe tener empatía con la persona afligida por la enfermedad.

Aspectos de la vida del paciente desconocidas por su familia y reveladas al afrontar la situación de enfermedad

En ocasiones, se da a conocer la existencia de una relación conyugal que no ha sido legalizada ni es de conocimiento público o surgen episodios familiares sumamente complejos como lo son las escenas de triángulos amorosos, en la que uno de los cónyuges (en este caso, el paciente), ha establecido relaciones sentimentales fuera de su matrimonio e incluso, engendrado hijos fuera del hogar. La presencia de otra pareja y de hijos desconocidos en la vida del paciente hasta el momento en que surge la enfermedad complica la situación que se ha creado. A veces la persona enferma posee recursos económicos o propiedades que son desconocidos por sus familiares hasta ese momento. ¿Qué hacer con los bienes económicos? ¿Cómo distribuirlos en caso de la muerte del paciente? ¿Quiénes tienen derecho sobre los bienes económicos? Éstas son preguntas que muchas veces generan serios conflictos que afectan las relaciones familiares, especialmente cuando se descubren situaciones en la vida del paciente que eran desconocidas por su familia inmediata.

En circunstancias donde habrá que tomar decisiones respecto a herencias será necesario el asesoramiento en asuntos legales. Todo capellán debe estar bien informado sobre los aspectos legales para poder proveer ayuda a la familia (si es necesario o si lo solicitan). El consejo sabio debe ser que existen leyes que protegen a las personas que enviudan y a los herederos, las cuales, por lo general, son desconocidas por las familias. Siempre es provechoso que la familia busque orientación legal. Aún cuando no se susciten desacuerdos entre los familiares, el capellán (si la familia lo permite) debe orientarles en torno a buscar asistencia legal sobre asuntos de herencia para evitar disturbios en las relaciones familiares o que, por ignorancia, no puedan tomar posesión de lo que les pertenece o infrinjan las leyes establecidas sobre herencias.

Son tantas las complicaciones resultantes de la situación de enfermedad que la capellana está comprometida a atender al paciente y a su familia inmediata. No obstante, los servicios de capellanía deben ser ofrecidos con prudencia tomando en consideración la disponibilidad del paciente y de sus familiares para recibirlos. Todo asesoramiento debe efectuarse en el radio de acción en que las personas afectadas inviten y permitan al capellán ejercer sus funciones.

Diagnóstico médico y reacciones del paciente

El diagnóstico médico puede ser causa de gozo o tristeza para el paciente y sus familiares, según sea el caso. El diagnóstico puede ser halagador, inseguro o fatal. Cuando el diagnóstico médico es fatal puede producir una serie de reacciones de negación, depresión, regateo, coraje y aceptación en el paciente, las cuales por lo general son desconocidas para su familia. El resultado del diagnóstico médico no debe ocultar la situación de enfermedad al paciente y a su familia por más terrible que sea. No obstante, debe ser comunicada en forma tal que la persona pueda captar el mensaje del médico en el momento adecuado.

El cuidado médico

Perspectiva del cuidado ético

Paul Ramsey (1970) dice:

> El cuidado es el medio de toda obligación particular y una forma de decidir cómo actuar y practicar lo que se considera correcto o incorrecto en cualquier contexto.

Ramsey sugiere unas reglas básicas de la práctica del cuidado y hace un llamamiento al médico hacia lo preciado de la vida. Estas establecen reglas para el cuidado médico, requieren consentimiento, prohíben la muerte directa y dejar al azar las decisiones sobre la vida y la muerte para garantizar igualdad de acceso a los recursos. Dirigen la cura y el salvar vidas con un verdadero cuidado que en ocasiones se suspende y reemplaza por el consuelo y dignidad de la muerte. Balancean las decisiones en situaciones si se debe operar o no.

Perspectiva del cuidado personal

El cuidado de la persona enferma brinda una noción de significado moral para la medicina. Se ha descubierto la importancia de cuidar al enfermo como persona total, prestando atención a sus necesidades en forma integral. Por lo tanto, se toma en consideración que el cuidado de la persona enferma conlleva no sólo darle atención al aspecto biológico, sino también al moral, espiritual y social. Se asume que el cuidado del ser integral es más relevante que el de una de sus partes y se desea mantener a la persona con la convicción de que es un ser digno, y como tal, no está abandonado en medio de su situación de enfermedad.

Es cierto que a veces la muerte biológica representa una ventaja pues la persona enferma tiene acceso a un bienestar mayor que es el disfrute de la totalidad del ser, ya despojado del dolor físico. Pero es difícil aceptar el hecho de que la muerte es un evento inevitable. Por ende, la persona debe recibir ayuda para enfrentarse a su partida de este mundo, especialmente cuando a muchas personas les aterra la muerte. Es de vital importancia que el consejero posea un concepto sano sobre la muerte para poder orientar al enfermo adecuadamente. La muerte no debe ser considerada como algo terrible y misterioso, sino como un aspecto normal de la vida. La Biblia la presenta como una transición de una etapa a otra. La muerte física es parte de la condición humana. Todo ser humano debe pasar por esta experiencia considerando dicha experiencia como un evento natural: "Del polvo fuimos formados y al polvo retornaremos".

Cuando hablamos de la muerte del ser humano desde la perspectiva bíblica, la Biblia provee la esperanza de la resurrección. Por ello, para el mundo cristiano la muerte es una etapa transitoria en la que ocurre la separación del alma y el cuerpo, pero no es algo permanente. El cristianismo cree y sostiene que a su debido tiempo, los cuerpos de los cristianos serán resucitados pues se levantarán en la primera resurrección y estarán con el Señor para siempre (2 P. 1:14). Esto es motivo de esperanza y consolación para los creyentes. Sin embargo, habrá una segunda resurrección en la que los injustos serán juzgados por Dios (Ap 20:4; Hch 24:15; 1 Ts 4:13). Conscientes de la importancia de que el humano dará cuenta a Dios de todos sus actos, es necesario guiar a la persona a un encuentro con Dios. Como consecuencia, toda persona, haya vivido justamente o actuado con injusticia, debe autoevaluarse y refugiarse en el perdón divino. Esta autoevaluación es vital para la sanidad interior del humano y cobra relevancia cuando se está al borde de la muerte.

El propósito principal al orientar al enfermo terminal es ayudarle a valorar su vida y a reconocer que, a pesar de su estado de salud, merece el cuidado que recibe porque es una persona digna, y objeto del amor de Dios. También es importante ayudarle a tener una percepción sana sobre su propia muerte aceptándola como algo natural, brindándole el apoyo espiritual y guiándole a cultivar la fe en las promesas divinas contenidas en la Biblia.

La consejera cristiana, en forma sabia, debe ayudar a la persona enferma a reflexionar sobre su propia muerte y la esperanza de que hay una vida plena en la presencia de Dios como recompensa a aquellos que le aman. También debe conversar con sus familiares sobre el tema con franqueza y naturalidad, brindándoles orientación sobre los pasos antes y después del fallecimiento.

Perspectiva bíblica hacia los enfermos

En Lucas 4:18 el escritor señala que Jesús, habiendo abierto el libro, leyó al profeta Isaías. La porción bíblica citada por Jesús es útil para contrastar la misión mesiánica de Jesús con la liberación de Israel del cautiverio babilónico como un año de jubileo (Is 61:1-2). Durante el año de jubileo se cancelaban todas las deudas, se liberaban los esclavos y se devolvían las propiedades a sus dueños originales (Lv 25). Sin embargo, la liberación del cautiverio babilónico no produjo la total liberación del pueblo puesto que todavía seguía siendo un pueblo conquistado y oprimido. El mensaje de Isaías, aunque tuvo un cumplimiento parcial en su época, tiene unas proyecciones escatológicas, las cuales deben cumplirse con el advenimiento del Mesías. Jesús al leer la Escritura, enrollando el libro, lo dio al ministro y se sentó (Lc 4:20-21) y luego les dijo: "Hoy se ha cumplido esta Escritura delante de vosotros".

Es interesante poder analizar a Lucas 4:18 a la luz de la misión de Jesús en el plan redentor de Dios para la humanidad sufriente y compararlo con el pasaje de Mateo 28:19-20 donde se habla de la Gran Comisión. De acuerdo al pasaje bíblico, Jesús delega la responsabilidad a sus discípulos de discipular también a otros así como les enseñó que hicieran. La pregunta sería: ¿Qué fue lo que Jesús enseñó a sus discípulos que hicieran? Cuando le habló a la audiencia de su época y citó a Isaías 61:1-2, se identificó como el Mesías Redentor y se proclamó como aquel que haría que estas buenas nuevas sucedieran, pero de una manera que la gente era incapaz de entender:

> El espíritu de Jehová, el Señor, está sobre mí,
> porque me ha ungido Jehová.
> Me ha enviado a predicar buenas noticias a los pobres,
> a vendar a los quebrantados de corazón,
> a publicar libertad a los cautivos,
> y a los prisioneros apertura de la cárcel;
> a proclamar el año de la buena voluntad de Jehová;
> (...) a consolar a todos los que están de luto.

Desde la perspectiva bíblica, Dios es el que otorga el poder capacitante para que el Siervo Sufriente "Mesías Redentor" pueda hacer la buena obra de liberación de toda opresión, enfermedad o sufrimiento de la persona cautiva. De igual manera, Cristo transfiere a sus discípulos la capacidad de ser enviados como portadores de la buena noticia de Dios para sanar, liberar a los cautivos, dar vista a los ciegos y apoyo a los que sufren. Se espera que los discípulos puedan actuar a semejanza de Jesús como instrumentos de consolación en las manos de Dios.

La Biblia enfatiza el cuidado que el cristiano debe tener hacia las personas enfermas: "Estuve enfermo, y me visitasteis" (Mt 25:36); "Me ha enviado... a consolar a todos los enlutados" (Is 61:1-2). Estos pasajes bíblicos nos hablan de la atención, cuidado y consolación que todos podemos brindar a las personas que sufren. Son gestos que no requieren riqueza, habilidad ni inteligencia de la persona que los brinda ya que brotan de un corazón agradecido de la gracia divina y son manifestaciones del fruto del Espíritu en la vida del creyente. Ocurren como manifestaciones del caudal de amor divino y su impacto en la vida del humano redimido y en las actuaciones para con su prójimo. Por tal razón, no tenemos excusa para desatender a las personas que tienen necesidades. Tampoco podemos delegar la responsabilidad a la iglesia como institución ni al gobierno. De acuerdo a la calidad de vida promovida por Jesús, hay un mandato que requiere nuestra participación individual para atender las necesidades de los demás.

Isaías 58:6-12 da apoyo al consejo de Jesús cuando nos habla del verdadero ayuno que agrada a Dios. De acuerdo a la enseñanza bíblica no podemos ser salvos mediante obras de servicio si no tenemos fe en Cristo. No obstante, nuestra fe carece de sinceridad si no practica la misericordia ejercitando la piedad en aquellas personas que sufren situación de desamparo. El ayuno puede beneficiar al creyente tanto física como espiritualmente y es un beneficio para la persona que lo realiza. Dios desea que nuestro servicio vaya más allá del crecimiento personal, que produzca acciones concretas de bondad, amor, justicia y generosidad en favor de otros. Agradar a Dios trasciende sobre el acto de dejar de comer o hacer algo para hallar gracia ante su presencia; es vivir siguiendo el modelo de Cristo haciendo que la Palabra sea pertinente a la realidad que vive la gente. Jesús siempre hizo provisión para mitigar el dolor de la gente que acudía a su presencia.

El Nuevo Testamento enseña claramente que los ancianos o pastores deben orar por los enfermos para que sean sanados (Stg 5:13-16). "La oración de fe" es fundamental al ministrar a la persona enferma y no se refiere a la fe que el enfermo debe tener, sino a la fe de las personas que hacen la oración. Es importante reconocer que Dios es el que opera el milagro, Dios es el que sana, pero nuestras oraciones son parte del proceso de sanidad operado por Dios. Con la oración, el creyente le da aliento a la persona que sufre, a la vez que testifica de su fe en el poder transformador de Dios para cambiar la situación de enfermedad a una de sanidad. La oración de fe del cristiano en favor de otras personas da testimonio de la transformación generada por el Espíritu en la vida y obra del creyente, ya que a través de ella el creyente se hace solidario con la aflicción del que sufre. Por tal motivo, Dios desea escuchar las oraciones de fe de los creyentes antes de intervenir.

Dios desea la sanidad de la persona enferma y muchas veces suceden los milagros. No obstante, en ocasiones los enfermos no se sanan. Ello nos sugiere la pregunta ¿Por qué es importante saber ministrar al enfermo? Es de vital importancia cuando se da consejería a un paciente con enfermedad terminal cuidarse de fomentar falsas esperanzas en la persona enferma o en sus familiares. Es más misericordioso guiar a la persona a aceptar la realidad de su condición y ayudarle a retener la convicción de que aún así, Dios está a su lado para confortarle.

CARTA DE LOS DERECHOS Y DEBERES DEL PACIENTE

Desde la antigüedad, se reconoce la necesidad de establecer una relación de colaboración entre el médico que atiende la condición del paciente y el enfermo para lograr la salud en el proceso de sanidad. Tanto el paciente como sus familiares y el médico comparten la responsabilidad de realizar un esfuerzo colaborativo para el cuidado de la salud de la persona enferma. Desde el momento en que una persona enferma se somete al cuidado médico, se establece una relación médico-paciente en pro del bienestar de la persona enferma. Para que sea más efectiva, esta relación descansa sobre una declaración de derechos y deberes del paciente. La persona enferma, así como sus familiares o personas allegadas, deben conocer la carta de derechos del paciente, y sus deberes al ser internado en el hospital o tratado en un programa de hospicio.

El paciente tiene derecho a:
1. Recibir un cuidado de salud considerado, respetuoso, a tiempo y a tono con sus necesidades.
2. Recibir información completa del médico sobre su diagnóstico, tratamiento, beneficios, costos y riesgos de las alternativas para su tratamiento. El paciente puede solicitar copia del expediente o un resumen sobre su condición de salud. También debe ser orientado sobre la acción que provea los mejores resultados.
3. Tomar decisiones para el cuidado de su salud. Puede aceptar o rehusar el recibir un tratamiento recomendado, en tanto y en cuanto la ley lo permita, y conozca las consecuencias médicas de ese acto.
4. Privacidad en el cuidado médico que incluya conducir los exámenes y tratamientos médicos con discreción al igual que un clima de confidencialidad para la discusión de su caso.
5. Confidencialidad en la comunicación y el expediente clínico; sólo se revelarán sus datos por causa de leyes o para proteger el bien común de otros individuos o el interés público.
6. Recibir cuidado continuado. El médico tiene la obligación de cooperar en la combinación del tratamiento indicado con otros proveedores del cuidado. El médico no descontinuará el tratamiento sin darle a la paciente la oportunidad de obtener alternativas.
7. Una respuesta adecuada a su solicitud de servicios, considerando la capacidad del hospital, según lo indique la urgencia de su condición; información completa de las razones para transferirlo a otra institución (incluyendo las alternativas que tiene) y la seguridad de que la otra institución ha aceptado el traslado.
8. Conocer los nombres de los profesionales que le atienden e intervienen en su tratamiento directo.

9. Información sobre tratamiento de índole experimental.
10. Que su médico le informe de su condición y citas posteriores al ser dado de alta.
11. Examinar la cuenta y que se la expliquen independientemente de quién pague por ella.
12. Saber cuáles son las reglas del hospital en cuanto a su conducta como paciente, sus derechos y deberes.

El paciente debe cumplir con los siguientes deberes:
1. Proveer información detallada sobre su enfermedad actual, pasadas enfermedades, hospitalizaciones, tratamiento médico recibido o cualquier otro asunto que se relacione con su salud en la medida de sus conocimientos. Es responsable de notificarle a su médico cualquier situación inesperada en su condición.
2. Seguir con el tratamiento que se le ha recomendado.
3. Responsabilizarse por sus acciones, si es que se rehúsa a recibir tratamiento o no sigue las instrucciones médicas.
4. Identificar su fuente de pago en el momento de su admisión a la institución, responsabilizándose de que sus obligaciones financieras con la institución se cumplan tan pronto sea posible.
5. Obedecer aquellas reglas que tengan que ver con la conducta y cuidado de los pacientes.
6. Respetar los derechos de otros pacientes y personal del hospital, cooperando en el control de ruidos, número de visitantes y reglas de no fumar. Es responsable además del respeto a la propiedad de otras personas y del hospital.
7. Al ser dado de alta, debe desocupar la habitación y procurar los documentos que se le tienen que entregar: cita a clínica y el resumen de alta (donde aplique). Es responsable de entregar cualquier material que se le haya confiado.
8. Cuidar del equipo que hay en su habitación y no permitir que las visitas lo maltraten.

El capellán o capellana: Parte del equipo terapéutico

El ser humano es concebido como una totalidad integrada por espíritu, alma y cuerpo. Cuando ocurre un disturbio en una de las partes se manifiesta un desequilibrio que afecta a la totalidad del ser. El ser humano no puede ser percibido simplemente como un ser dualista o tricotomista, donde cada una de sus partes funciona por separado, sino como un ser integral que funciona como un todo.

El hospital posee un equipo profesional que atiende y resuelve las alteraciones físicas, pero no puede controlar el efecto que éstas producen en el área psíquica que se relaciona con el área espiritual. De ahí la necesidad de tener entre los miembros de su equipo de trabajo un personal cualificado para dar atención al área espiritual con un enfoque integral e integrador de la persona. Es ahí donde entra en función el oficio de la capellanía de hospital.

El capellán debe ser tan profesional como el personal médico o de enfermería. No puede cultivar un divorcio entre la ciencia y la fe sino todo lo contrario; debe correlacionar la parte científica y la espiritual. La parte científica da atención a lo corporal del humano, pero la parte espiritual sólo puede ser satisfecha con el auxilio divino y la ejecutoria de las personas que ejercen el ministerio. Por consiguiente, se requiere que el personal del Departamento de Capellanía sea apto para ejercer sus funciones con una visión integradora del servicio que realizan en solidaridad y coordinación con otros profesionales que representan diversas disciplinas.

El ser humano se percibe a sí mismo como un ser corporal y también espiritual. Todo lo que desintegre ese auto-concepto, altera y desequilibra su salud mental y espiritual. La enfermedad aún cuando sea física, así como el ingreso del paciente en el hospital en busca de su salud, causa diversidad de trastornos que se reflejan en su vida emocional, afectiva y espiritual.

Según Francisco Reyes (1988:1), la intensidad de los trastornos que experimenta la persona enferma varía con infinidad de factores:

1. Toda su vida el paciente ha cultivado la idea de ser diferente a las cosas y a los animales ya que tiene alma. Sin embargo, hay procesos patológicos que le causan dudas al sentirse animalizado como por ejemplo los pacientes restringidos, los que enfrentan problemas con sus vísceras y líquidos. Por otro lado, las exigencias de producción y calidad de los hospitales en muchos casos deshumanizan el contacto con el paciente, lo "cosifican". En ocasiones hasta los familiares son objeto de estos sentimientos.
2. El proceso patológico es casi siempre poco conocido por el paciente pues sólo se aprecia la salud cuando estamos enfermos. Los quebrantamientos de salud tratan de ser explicados con frecuencia culpando a alguien o a algo, incluyendo a la propia persona. Así surgen complejos de culpa y sentimientos de injusticia, los que con frecuencia implican a Dios (abandono de Dios).
3. Para que el proceso de sanidad sea efectivo debe estar acompañado por la influencia positiva de la esperanza, la fe en Dios y la seguridad en sí mismo. Un paciente colaborador y optimista contribuye en gran medida a una recuperación más rápida.

Señala Francisco Reyes (1988:2) que la capellana no debe verse como una visitante más, sino como parte del equipo terapéutico del hospital pues gran parte de su labor está en corregir las impresiones negativas y equivocadas que ha tenido el paciente durante su experiencia de enfermedad y hospitalización. Los efectos benéficos de la labor del capellán pueden ser observados según Reyes en:

1. La presencia de un personal del hospital que se preocupa por la parte afectiva y, en última instancia, de su alma, borra en gran medida la impresión de "cosificación y animalización" en el enfermo.
2. La evaluación sosegada de su situación de enfermedad por parte de la capellana da respuestas a sus preguntas sobre el por qué de su enfermedad, disminuyendo su complejo de culpa y de injusticia y lo guía a iniciar un proceso de reintegración en la totalidad del ser en cuerpo y alma.
3. La esperanza, el calor afectivo y la fe en Dios, que puede aportar el capellán en el proceso de sanidad, son incalculables.

Programas de capellanía en los hospitales

El programa de capellanía existente en un hospital depende de muchos factores como el tipo de hospital, si es una institución pública o privada, el tamaño del hospital, el tipo de población a la cual sirve, la filosofía administrativa y los objetivos perseguidos por la institución.

Los hospitales que contratan los servicios de capellanía asignando un salario a la persona que se desempeña como capellán en propiedad, contratan sus servicios como personal a tiempo completo. Por ese motivo, la persona debe estar cualificada con educación clínica pastoral y poseer las credenciales académicas y ministeriales necesarias para ejercer su oficio. Tendrá a su cargo la administración y supervisión del servicio religioso que se ofrece en la institución, así como la educación personas voluntarias religiosas que colaboran con el departamento.

Muchos hospitales no poseen recursos económicos para contratar el servicio de capellanía a tiempo completo y contratan personal a tiempo parcial o personas voluntarias. También utilizan a ministros de las iglesias locales para laborar dando los servicios de capellanía a tiempo parcial en horarios alternos. La labor ministerial realizada por los oficiales a tiempo parcial y los que prestan servicios voluntarios de capellanía ha sido, y continúa siendo, una bendición de Dios y una valiosa ayuda para consolar a las personas que sufren diversas enfermedades y a su familia inmediata. Lo ideal debe ser que en cada institución exista un personal que brinde servicios de capellanía a tiempo completo y en horarios alternos.

Aspectos fundamentales que deben ser considerados en un reglamento de capellanía de hospital

El ser humano posee unas necesidades espirituales que deben ser satisfechas si se desea la plena realización de su salud integral. Cuando esa área queda desatendida, se dificulta el disfrute de la salud integral. Por tal razón, es inaplazable poder dar atención al auxilio espiritual del paciente como factor determinante en su proceso de sanación. Cuando este servicio se administra adecuadamente, fortalece el estado anímico del paciente, dándole apoyo en medio de su crisis y constituye un recurso terapéutico adicional que acelera el proceso de reintegración a la sociedad. La capellanía del hospital se ha creado para brindar adecuadamente este auxilio espiritual al paciente.

Toda institución hospitalaria que desea sistematizar los servicios de capellanía debe reconocer el derecho constitucional de libertad de credos que posee cada paciente y garantizar que la asistencia espiritual a ser ofrecida sea de carácter no proselitista, con igualdad de oportunidades para todos. En algunos casos será difícil poder complacer al paciente, pero la asistencia espiritual debe ser ofrecida lo más cercano posible a la preferencia ideológica o a la interpretación filosófica de la verdad teológica que la persona enferma posea.

Con el fin de garantizar la objetividad e inclusividad de los servicios de capellanía, la División de Capellanía del hospital debe funcionar bajo la jurisdicción del Departamento de Relaciones con la Comunidad y poseer objetivos generales y específicos definidos. El objetivo general debe ir orientado a generar un estilo de servicio colaborativo, voluntario y desinteresado en un esfuerzo solidario con la institución hospitalaria para lograr el total restablecimiento, hasta donde sea posible, de cada paciente guiándole para que pueda alcanzar el estado óptimo de salud. Los objetivos específicos deben ir orientados al logro del objetivo general tomando en consideración que:

1. El trabajo a realizar debe ser enfocado desde una perspectiva de equipo colaborativo interdisciplinario para lograr las metas y objetivos de la institución.
2. Servirá de enlace entre la institución hospitalaria y las instituciones religiosas y afines dentro de la comunidad.
3. Elaborará un sistema de trabajo utilizando los recursos disponibles o buscando otros recursos para satisfacer las necesidades espirituales de los pacientes.
4. Cada miembro de la División de Capellanía estará disponible en aquellas situaciones en las que el hospital sea directa o indirectamente parte de una emergencia, asumiendo una actitud de servicio.
5. Cada capellán colaborará con sus compañeros para lograr los objetivos de la División.

El enfoque de la División de Capellanía debe ser ecuménico y no proselitista, y que propenda a la creación de un ambiente de esperanza y optimismo. También debe evitar situaciones conflictivas generadas por interpretaciones teológicas de la enfermedad fuera de contexto y que no tienen razón de ser y pueden causar sentido de culpa, irritabilidad o depresión en el paciente. Con el propósito de garantizar un estilo apropiado de servicio y de adoración, le compete al Departamento de Relaciones con la Comunidad la supervisión de todos los procesos en la División de Capellanía, velando porque los estilos de adoración y los formatos de los servicios sean adecuados. Algunos deberes del capellán que deben ser esbozados en el contexto de hospital son los siguientes:

1. Asumir una actitud de compromiso para prestar asistencia espiritual a cualquier paciente que lo requiera y lo solicite voluntariamente, sin distinción de credo, estatus socio-económico, raza, diagnóstico médico u otros.
2. Estar disponible para responder a llamadas de emergencia.
3. Ofrecer sus servicios dando asistencia individual al paciente o a su familia inmediata.
4. Trabajar bajo la dirección y supervisión del Director (a) del Departamento de Relaciones con la Comunidad y participar en el programa regular de servicios de adoración en capilla según le sea asignado por el Director de Relaciones con la Comunidad o el trabajador social.
5. Cuidar porque el tono, intensidad y contenido de los servicios de adoración en capilla cumplan con las expectativas del ambiente hospitalario y sean pertinentes a las necesidades existentes en la población y con la filosofía de la División.
6. Cuidar de utilizar una vestimenta apropiada según sea determinada por la institución.
7. Utilizar su tarjeta de identificación como miembro de la División de Capellanía del hospital en lugar visible.
8. Cumplir con el horario de trabajo regular asignado por la institución. En caso de no poder asistir un día determinado, lo notificará por escrito con bastante antelación a la Directora de Relaciones con la Comunidad.

9. Cumplir con las normas de confidencialidad según lo estipulado en el Manual del Empleado de la institución.
10. Asistir a las reuniones de la División cuando se requiera su presencia.

Algunas instituciones exigen los siguientes requisitos para admitir personas que desean trabajar en la División de Capellanía del hospital:

1. Estudios teológicos en instituciones acreditadas de nivel universitario.
2. Presentación de cartas de recomendación del contexto eclesial concilio, orden o ministerio al que pertenece.
3. Ser sacerdote o ministro ordenado.
4. Poseer experiencia o adiestramiento en Capellanía de Hospitales.
5. Reunir ciertos requisitos como persona comunicativa, capaz de interactuar con personas con opiniones divergentes y tener madurez para aceptar las diferencias individuales como algo normal.
6. Estar capacitada para trabajar en un ambiente ecuménico y no proselitista.

Actitudes del consejero/capellán al ministrar al enfermo

El consejero debe estar consciente de lo que su presencia significa para la persona que sufre de manera que pueda asumir actitudes que le faciliten el ejercicio de su ministerio. Algunas posturas que son de gran ayuda son:

Visitar a los enfermos para darles apoyo, orar por ellos (si la persona enferma lo permite y desea), consolarles y animarles con el propósito de ayudarlos a fortalecer su fe.

Convicción de que su presencia como ministro junto al enfermo es símbolo del cuidado de Dios y su provisión para responder a las necesidades del paciente de modo que Dios está presente junto al enfermo en la persona del ministro, consejero o capellán y desea ayudar al que sufre.

Su atención al enfermo da significado a sus padecimientos en la medida en que demuestra empatía con la persona que sufre, le hace compañía y le escucha.

Parte de su responsabilidad es proveer orientación tanto a la persona enferma como a sus familiares.

La visita del capellán o consejero no debe ser extensa para no fatigar a la paciente. Es preferible que las visitas sean breves (5 a 15 minutos) pero frecuentes y en un horario adecuado, excepto cuando la persona enferma solicita una consejería especial. Conviene que la consejera permita que el paciente tome la iniciativa para estrechar manos (si es que puede hacerlo) y que se sitúe en un ángulo de la habitación que facilite a la persona enferma verle, pero nunca debe sentarse en la cama del paciente.

El consejero debe actuar como profesional experimentado en el arte del cuidado en la consejería pastoral. Debe estar presto para escuchar atentamente al paciente permitiéndole que hable con libertad, guiando la conversación hacia los intereses y necesidades de la persona enferma. Debe tener conciencia de las posibles crisis que afronta la paciente tales como dolor, miedo, frustración, ansiedad o preocupación por lo desconocido de su enfermedad. Del mismo modo, preocupación por la buena marcha de su familia, de su negocio o trabajo y preocupación por la vida más allá de la muerte. Como resultado, la persona que da la consejería debe saber y estar en disposición de escuchar al enfermo para que pueda hablar de sus temores, brindando oportunidad de que puedan ser discutidos minimizando o eliminando así el efecto negativo que puedan tener en el paciente.

De acuerdo con la situación planteada en las circunstancias de enfermedad, conviene seleccionar con esmero una porción bíblica apropiada para dar apoyo espiritual a la persona que sufre. Si la persona está preocupada o se siente deprimida, lecturas como el Salmo 27:1-10; 34:1-8, pueden fortalecerla. La porción bíblica no debe ser larga ni tediosa sino simple y dirigida a proveer rápido aliento. La oración debe ser breve, llena de fe y de esperanza de forma tal que reconforte.

¿CÓMO SE DEBE MINISTRAR A LOS DIFERENTES TIPOS DE ENFERMOS?

No todas las personas enfermas confrontan los mismos problemas; tampoco la enfermedad representa un dilema de difícil solución para todos los enfermos. Hay enfermedades que son temporales como el catarro o gripe, pero no por ello dejan de desequilibrar un poco la vida de la persona. Sin embargo, como duran un espacio breve de tiempo, sus efectos no son tan nocivos como los efectos que causan en la vida del paciente y de su familia las enfermedades terminales y aquellas en las que el individuo tiene que ser sometido a operación o a procesos que duran por un lapso de tiempo indeterminado.

Como resultado, la labor del oficial de capellanía en el contexto de hospital requiere que éste pueda dar atención a los diferentes tipos de enfermos. Por otro lado, el personal de capellanía de hospital no debe olvidar que la situación de enfermedad crea desajustes en la vida del paciente, aún en aquellas situaciones en que la enfermedad es temporera. Lo que puede ser sencillo para una persona, para otra puede representar una crisis.

Personas que van a ser operadas

La capellana debe visitar a la persona enferma en un horario adecuado. Visitar al enfermo la noche antes de ser operado es más aconsejable que visitarlo una hora antes de la operación. El consejero debe aprovechar para fortalecer la fe de la persona y, en algunos casos, es necesario motivarle para que aumente su deseo de vivir. Si el paciente solicita servicio de confesión o demuestra inquietud por la seguridad de su salvación, la persona que está ministrándole debe guiarle en el proceso, dándole oportunidad de sincerarse con Dios, a la par que le provee un mensaje de esperanza. Después de la operación, la visita pastoral sirve de estímulo para la recuperación. Cuando la situación de enfermedad es grave y el consejero no encuentra las palabras adecuadas, o el paciente no está en condición de poder escuchar, basta con que el consejero se coloque junto a la cama del paciente en silencio y luego se vaya. La presencia de la representante de Dios es valiosa en la medida en que imparte seguridad y aliento. Para la persona enferma, ello puede significar que Dios le está visitando en medio de su dolor.

La persona que ofrece consejería debe dar apoyo a la familia del enfermo, especialmente cuando le han amputado un miembro de su cuerpo o si se descubre que su enfermedad es terminal. Debe tomar en consideración que algunos enfermos enfrentan una etapa de crisis posterior a una amputación. Es aconsejable que el consejero le dé significado a la pérdida. En lugar de demostrar lástima por la persona que está sufriendo, debe reconocer que su pérdida ha sido dolorosa pero no fatal. Este tipo de dinámica es vital para reconfortar y motivar al individuo. También debe evitar tratar al paciente como si tuviera una marca que le hace diferente a las demás personas. Es necesario ofrecer apoyo moral demostrándole a la persona que ha sufrido la amputación que no está sola. La sensibilidad de la consejera es vital en estos momentos. Por ese motivo, debe usar pasajes bíblicos que reanimen a la enferma. También debe estar disponible para brindar cualquier servicio que el paciente o sus familiares pudieran necesitar, si está permitido por la institución y dentro de las posibilidades del consejero.

ORIENTACIÓN A LOS DESAHUCIADOS

Ministrar a una persona enferma que no se va a recuperar es sumamente difícil. ¿Cómo debe actuar el consejero? En toda consejería la persona que brinda el servicio debe ubicarse en la posición de la persona que sufre para poder comprenderla. De acuerdo al estudio realizado por Elizabeth Kubler-Ross y cuatro estudiantes de un seminario a más de un centenar de moribundos, descubrieron cinco etapas diferentes por las cuales pasan los desahuciados: negación de la realidad y aislamiento, enojo, regateo, depresión y aceptación. Los aspectos sobresalientes de cada una de esas etapas son presentados a continuación.

1. Negación de la realidad y aislamiento

Cuando el paciente sospecha que la muerte está próxima y es real, puede reaccionar con desconcierto. Esto se debe a que se produce un choque inicial. La tendencia normal ante la situación de enfermedad será una de rechazo. Las reacciones pueden ser variadas incluyendo incredulidad, silencio, abandono de actividades e intereses, retraimiento, resistencia a la muerte, búsqueda de una segunda opinión médica o renunciar a ser atendido por la ciencia médica. En las últimas décadas del siglo XX d.C., las personas acudieron con mayor frecuencia al uso de productos naturales buscando la sanidad. Otras personas utilizan bebidas que supuestamente poseen propiedades milagrosas para la cura del paciente, esperando que sucedan curaciones milagrosas.

2. Enojo

Cuando la persona enferma cobra conciencia de que la muerte está cerca, puede sentir ira, enojo, rechazo y apego sólido a la vida. Surgen preguntas como: ¿Por qué tengo que ser yo? ¿Por qué ahora? La persona puede rebelarse contra Dios y desafiarlo, creer que está viviendo una situación injusta y experimentar angustia por su cónyuge y su familia. Puede albergar sentimientos de hostilidad contra la familia, los doctores, las amistades y buscar a qué o a quién echarle la culpa de la situación que está viviendo. En ocasiones, puede albergar envidia de las personas saludables.

3. Regateo

Cuando la persona moribunda considera que la muerte es inevitable, puede tratar de negociar con Dios, pidiéndole nuevas oportunidades y comprometiéndose a ser un mejor ser humano. Esa es una forma de aferrarse a la vida. Las negociaciones casi nunca se cumplen pero son una forma de ganar más tiempo, de aferrarse a la vida. Los sentimientos expresados son más leves que en las situaciones mencionadas con anterioridad.

4. Depresión

Cuando la conciencia de la proximidad de la muerte es más clara e inminente, la persona enferma puede experimentar depresión. Las reacciones de la persona pueden ser diversas tales como crisis de llanto y sentimientos depresivos, sentimientos de culpa y vergüenza, pérdida de interés y de estímulos, debilidad física o profunda tristeza. Poco a poco la persona se va dando cuenta que su vida está llegando a su fin y empieza a sufrir y a angustiarse por sus familiares y amigos que se quedan. Entonces hace una introspección y comienza a analizar lo que ha sido su vida. Si la persona recibe apoyo y orientación en medio de su dolor puede superar la crisis provocada por su situación de enfermedad al liberar las tensiones y encontrar la paz.

5. Aceptación

En el transcurso del vivencial que experimenta la persona moribunda, va desarrollando una aceptación de la muerte como algo normal. Por lo general, puede albergar los sentimientos de ver la muerte como algo real y normal en la vida, produciéndose en su interior un sentimiento de aceptación y de ver la muerte como una experiencia transitoria que culminará en una vida mejor. La percepción que la persona posee sobre la muerte juega un papel importante en esta etapa de la vida. Para la persona que ve la muerte como algo trágico de lo cual el ser humano no puede escapar, la muerte significa la extinción de la vida. Para la persona cristiana, la muerte es algo trascendental y representa liberación total desde la perspectiva de que: "morir en Cristo es ganancia" (Fil 1:21).

En realidad, las personas desahuciadas experimentan estas etapas en diversas formas, cada persona tiene una forma propia de morir. Puede ser que la persona fluctúe de una etapa a otra. Por esa razón, la persona al morir puede estar en cualquiera de las etapas. La dimensión religiosa cobra un gran significado que se plasmará en las actitudes del paciente moribundo hacia la muerte. Se necesita que el consejero pastoral conozca la dinámica de cada etapa y sea apto para que pueda actuar con sabiduría, ayudando al paciente a cobrar conciencia de la realidad que está viviendo y pueda tolerarla. Es importante que la persona moribunda sienta que no está sola en medio de su crisis, sino que a pesar de ella, Dios le amparará.

Casi todos los desahuciados tienen momentos de esperanza en los cuales creen que se van a recuperar. Cuando la persona enferma deja de expresar esperanza, ello suele ser signo de fallecimiento inminente.

Armando Rovira (1997:903) cita a Robert Peck el cual indica que:

> Es posible hacer una adaptación positiva ante la realidad de la muerte, desarrollando un interés vital de hacer la misma vida más gratificante, más significativa, más segura y más relevante para aquellos que nos rodean y seguirán el curso de la vida. No se trata de lamentarse sino de sentirse productor de vida intensa e interna y en esa dimensión, se toma la etapa de la muerte como

el último reto de terminar con dignidad y autoridad sobre sí mismo.

En ese momento, la dimensión espiritual y religiosa de la persona cobra un significado muy especial ya que la persona está más consciente que nunca de su necesidad de prepararse para una vida espiritual futura superando la disgregación del cuerpo.

Intervención de la persona que da la consejería

La persona que ofrece la consejería debe poseer una actitud sana sobre la muerte. Esta actitud tiene que ser aprendida a la luz de la perspectiva bíblica sobre la vida, su temporalidad y su eternidad y analizada en el marco de la autorrealización del ser integral de la persona, de lo mortal y lo inmortal, en el contexto del plan redentor de Dios para la humanidad. En la entrevista realizada por la Dra. Elizabeth Kubler-Ross y el Dr. Raymond Moody a centenares de personas que habían llegado al umbral de la muerte, describieron la experiencia como tranquila y sin dolor. Salieron del episodio sin demostrar miedo ante la inminencia de la muerte. El propósito principal al orientar al paciente terminal es ayudarle a aceptar su muerte como algo natural y prepararle para ese momento.

El consejero debe tener conciencia de los parámetros de conducta que deben permear en su labor de orientación a los desahuciados y a sus familiares para no incurrir en mal praxis. Debe estar en la mejor disposición de asesorar al paciente y a su familia inmediata. Esta responsabilidad aumenta su jornada de trabajo ya que en ocasiones se necesitan visitas en el hogar, además de las del hospital. La consejera debe estar disponible para visitarlos y apoyarlos, brindándoles la oportunidad de expresar sus sentimientos de culpa, temor y frustración. La labor del consejero se torna más compleja y delicada cuanto más deteriorada está la salud del paciente terminal, en especial cuando existen grandes problemas sin solucionar en la vida del paciente y en sus relaciones humanas y con Dios. En consecuencia, la persona que asesora al paciente y a sus familiares debe estar capacitada con un buen fundamento bíblico y teológico y una profunda experiencia de comunión con Dios. Necesita utilizar porciones de la Biblia pertinentes a la necesidad de las personas que sufren, para darles aliento y también sostenerlos con la oración.

La persona que asesora al paciente con enfermedad terminal, debe ser más un "oidor" atento, ofreciendo al paciente la oportunidad de realizar labor de introspección, expresando sus sentimientos, exteriorizando sus temores, hablando acerca de sus fracasos y arreglando cuentas consigo mismo y con otros. Cuando la persona que da consejería no sabe cómo responder a una pregunta de la persona moribunda, especialmente aquellas preguntas que están relacionadas con la vida después de la muerte, es mejor que se quede en silencio o le indique que no tiene la respuesta. Es preferible la sinceridad, demostrando integridad al explicar a que aunque no tiene la respuesta, tratará de ayudarle a encontrarla. Luego debe leerle una porción bíblica breve de consolación, orar y retirarse. A veces la consejera puede comunicar compasión tomándole la mano al moribundo o poniéndola sobre el hombro. Muchas veces la compañía y el apoyo manifestado son más importantes que las palabras.

Conclusión

Ministrar a los enfermos y especialmente a los desahuciados por la ciencia médica es una labor de servicio delicada y ardua. Sólo el amor de Dios y su Santo Espíritu pueden dotar al consejero cristiano con las virtudes necesarias para usar adecuadamente los conocimientos y herramientas de la consejería para intervenir efectivamente en cada caso en particular. Ejercer la consejería cristiana es más bien un don que emana del mismo seno de Dios y no de la erudición humana, aunque sin lugar a dudas el conocimiento, adiestramiento y práctica son importantes y necesarios.

Escribe el Apóstol Pablo en Romanos 15:14: "Pero estoy convencido de que vosotros mismos estáis llenos de bondad, llenos de todo conocimiento, y capacitados también para amonestaros los unos a los otros".

Señala Jay E. Adams (1986), que:

> El Espíritu Santo utiliza a los consejeros para enderezar errores mediante la aplicación de la Palabra de Dios a los problemas

humanos. El conocimiento e interpretación hermenéutica de la Palabra son fundamentales para dar una buena consejería. Aquel en quien "la Palabra de Cristo habita ricamente" (Col. 3:16) es el que conoce el significado de las Escrituras para su propia vida. Aquel que es capaz de resolver de manera bíblica sus propios problemas, está capacitado para ayudar a otros a que lo hagan así.

En Romanos 15:4 se destaca que el conocimiento de las Escrituras es vital en la medida en que influye en nuestra actitud hacia el presente y hacia el futuro. A mayor conocimiento en torno a la intervención divina en su trato con los humanos, mayor será la confianza respecto a lo que hará en los días venideros. Toda persona debe leer la Biblia en la certeza de que la voluntad de Dios es ofrecer consolación por medio de su Palabra y generar esperanza.

Preguntas de repaso

1. ¿Qué factores afectan a la persona enferma provocándole ansiedad?
2. ¿Cuáles son las razones por las cuales el hospital muchas veces no es el lugar más hospitalario?
3. ¿Por qué la hospitalización de la persona enferma representa cambios bruscos en su vida?
4. Explique por qué el cuidado personal del enfermo posee una noción de significado moral para la medicina.
5. Comente sobre la perspectiva bíblica hacia los enfermos. ¿Cuáles son las enseñanzas fundamentales de Jesús hacia los enfermos? ¿Por qué el ministerio de capellanía debe seguir el modelo de Jesús en el ejercicio de sus funciones?
6. ¿Cómo comparan las enseñanzas de Mateo 25:36 con las del profeta Isaías en 61:1-2?
7. Explique la importancia de que el capellán tenga conocimiento de la Carta de Derechos del Paciente, los Deberes del Paciente y las políticas institucionales respecto al Departamento de Capellanía.
8. Explique la importancia de conocer cómo se debe trabajar con los distintos tipos de enfermos.

9. Dé razones sobre la relevancia de que el capellán posea un concepto sano sobre la muerte, especialmente si está atendiendo a pacientes con enfermedades terminales.
10. Explique cuál es la diferencia entre asesorar a un enfermo para enfrentar el evento de su muerte ayudándole a vivir y a morir con dignidad y la práctica de la eutanasia.
11. ¿Qué implicaciones poseen los pasajes bíblicos de Juan 11:25, Colosenses 3:4 y 1 Juan 5:11 en el asesoramiento pastoral a los pacientes desahuciados por la medicina?

5
El programa de hospicio

Desarrollo del concepto hospicio

El programa de hospicio es un programa de salud orientado hacia aquellos pacientes que han sido desahuciados por la ciencia médica. Su enfoque es proveer servicios a la persona desahuciada, primordialmente en el hogar, en el marco ambiental que le es familiar a semejanza de lo que recibirían si estuvieran internos en un hospital, o una combinación de ambos tratamientos. El objetivo es proveer el tratamiento médico a la persona enferma facilitándole el acceso a todos los servicios médicos sin tener que salir del hogar y evitarle largos turnos de espera en las oficinas de los doctores, laboratorios, hospitales y otros. El programa está diseñado para ayudar a controlar y aliviar los sufrimientos físicos, emocionales y espirituales que afronta la persona desahuciada en la forma más cómoda posible.

El cuidado de hospicio en el hogar se proveerá a pacientes cuya condición de salud ha sido certificada como médicamente terminal con una expectativa de vida de seis meses o menos por no tenerse conocimiento de cura para la condición. El propósito es mejorar la calidad de vida y aliviar el dolor. Se espera que las personas (tanto la persona enferma como su cuidador primario) que solicitan estos servicios, además de poseer la certificación médica como pacientes terminales, tengan claro que deben estar en la mejor disposición de aceptar voluntariamente el cuidado paliativo.

Un equipo profesional interdisciplinario comprometido, compasivo y competente, cuyo interés es satisfacer las necesidades del paciente y su familia inmediata, es contratado en el programa de hospicio. Incluye enfermería profesional, servicios médicos, trabajador social, consejería espiritual, asistente de salud, nutricionista, terapia física, ocupacional y del habla y servicios voluntarios, así como equipo médico durable. Estos servicios se proveen para dar atención a los síntomas físicos, necesidades psicológicas, sociológicas y espirituales de los pacientes de acuerdo a las condiciones que confrontan por causa de su enfermedad terminal. Tanto la familia como la persona desahuciada reciben atención y apoyo a través de la duración del tratamiento. El propósito del cuidado provisto por el hospicio es la creación de un ambiente saludable para el cuidado del paciente terminal y el asesoramiento a sus familiares sobre el cuidado de la persona enferma. Los servicios están orientados a mantener una calidad de vida plena en el paciente. A través del programa, el personal que labora en hospicio va guiando al paciente para que pueda vivir una vida consciente y se vaya preparando para morir en paz. En ningún momento se pretende prolongar la vida en forma artificial conectando al paciente a equipo tecnológico o acelerar la muerte practicando la eutanasia.

Perspectiva histórica

El término "hospicio" deriva de una frase medieval utilizada para señalar un lugar destinado a dar abrigo a los viajeros que afrontaban dificultades en su travesía. Fue en Inglaterra donde se originó el uso corriente del término "hospicio". Hunter (1990:535) cita a C. Brainerd, quien dice que:

> La persona responsable de desarrollar el concepto fue la británica Dra. Cicely Saunders (1978). Ella estaba descontenta por la forma en que en los hospitales trataban a los pacientes moribundos.

Según Brainerd, la Dra. Saunders había observado que las enfermeras y doctores sentían temor de hablar acerca del fracaso terapéutico y de la realidad de la proximidad de la muerte, tratando muchas veces de dar esperanzas de sanidad que no eran reales a sus pacientes. La doctora consideró que los pacientes con enfermedades terminales no debían ser sometidos a múltiples exámenes y tratamientos que no iban a mejorar su situación, enfatizando que lo que necesitaban era dormir o descansar. También llegó a la conclusión de que algunas medicinas eran innecesarias e inadecuadas para manejar el dolor y que no se les debían administrar medicamentos que dejaran a los pacientes enajenados de la realidad.

Basándose en sus observaciones e hipótesis, la Dra. Saunders (1978) realizó investigaciones con métodos para aliviar el dolor y establecer un nuevo tipo de hospital con servicios más flexibles donde los familiares pudieran visitar al enfermo y los pacientes pudieran tener sus artículos personales. Se propuso reducir el uso de la tecnología médica haciendo provisión para que los equipos disponibles pudieran ser mejor utilizados. Estos hospitales sirvieron de prototipo a los hospicios de la actualidad.

En Estados Unidos se comenzó a utilizar el programa hospicio en la década de 1970 facilitando el acceso a los servicios médicos en una forma más cómoda para el paciente y su familia. El programa tuvo buena acogida y para 1984 había más de 1,000 hospicios establecidos en la nación. Algunos fueron establecidos por agencias para la salud en el hogar. Otros fueron resultado del esfuerzo cooperativo y mancomunado de organizaciones de la comunidad o desarrollados como parte de hogares de convalecencia o facilidades de enfermería práctica. También algunos hospitales establecieron hospicios como unidades de cuidado paliativo. En la actualidad existen programas hospicios tanto privados como del estado.

Filosofía del progama de hospicio

La filosofía del programa hospicio representa una mejor alternativa para el cuidado del paciente con enfermedad terminal. Es un gran avance en el tratamiento de personas desahuciadas, debido a que es una salida radical de la alta tecnología y de la medicina curativa tradicional, para dar paso a un enfoque que aunque no puede sanar al paciente, provee más comodidad. La mayoría de los servicios en este programa son prestados en el hogar del paciente.

A pesar del extraordinario avance de la tecnología moderna, los miembros de la familia y la persona enferma de muerte afrontan el dilema moral que puede representar la situación de enfermedad. La tecnología moderna, aunque trata de ayudar, no representa una solución al problema del paciente con enfermedad terminal; puede posponer la muerte pero no puede prolongar la vida. Lo único que se logra es prolongar el sufrimiento de la persona afectada y de la familia y amigos. En ese lapso de tiempo, la distinción entre la vida y la muerte es bien nebulosa para la persona enferma, produciendo mayores angustias e incertidumbres en el paciente y en sus familiares. Como resultado, surgen problemas de naturaleza moral y legal que envuelven al paciente, a la familia y al equipo de la comunidad médica puesto que es bien difícil determinar cuándo debe cesar un tratamiento.

En la segunda mitad del siglo XX se registró un auge en los asuntos o dilemas legales relacionados con la clarificación de lo correcto e incorrecto respecto a las leyes que aplican a la muerte. Algunos casos han sido discutidos en corte sobre lo que es adecuado o no respecto a decisiones sobre dar por terminado un tratamiento a una persona que no se va a recuperar; la legalización del deseo de morir, las regulaciones sobre un entendimiento consentido (mutuo) para no resucitar, y el derecho a rehusar el tratamiento.

Debido a los dilemas morales, éticos, espirituales y legales que se suscitan cuando se deben tomar decisiones respecto a un paciente moribundo, la labor del capellán es importante para ayudar a la persona en la toma de decisiones respecto a su calidad de vida presente y futura. Los aspectos fundamentales de la filosofía de hospicio incluyen los siguientes:

1. Reducir el impacto de la tecnología, mediante el uso apropiado y consciente de las máquinas o equipo para el tratamiento del paciente.

2. Respeto a las preferencias individuales y a la dignidad de la persona enferma.
3. Enfocar la calidad de la vida y no la extensión de la vida.
4. Dar atención a la comodidad física, con énfasis a la reducción del dolor en todas sus fases.
5. Dar atención a las necesidades psicosociales y espirituales de la persona enferma.
6. Estimular la participación de los familiares y personas significativas en el cuidado del enfermo.

La filosofía del programa de hospicio pretende ayudar al enfermo terminal y a sus seres más queridos a afrontar la situación que vive el paciente en la forma más digna posible y a la misma vez trata de garantizarle un trato justo y piadoso.

ORGANIZACIÓN Y DISTRIBUCIÓN DE SERVICIOS EN EL PROGRAMA DE HOSPICIO

El programa de hospicio varía de una comunidad a otra pero posee ciertas características comunes:

1. Es un programa autónomo con una administración centralizada que coordina los servicios a pacientes fuera y dentro de la clínica.
2. Está orientado a proveer atención al paciente en el hogar, pero cuando las circunstancias lo ameritan también se le ofrecen servicios internando al paciente. Este tipo de servicio se ofrece los 7 días de la semana y durante las 24 horas del día.
3. Se enfoca en la comodidad y no en la cura del paciente. Incluye mantener controlados los síntomas y signos de la enfermedad como dolor, náusea y vómito en la forma más efectiva posible.
4. Se realizan esfuerzos para dar atención a la totalidad de la persona. Se hace provisión para dar asistencia al aspecto emocional y también al espiritual del paciente. Tanto el paciente como sus familiares y amigos más cercanos son ayudados a enfrentar el sufrimiento causado por la proximidad e inevitabilidad de la muerte.
5. El cuidado de la salud es provisto por un médico, el cual puede ser el director del hospicio o el médico particular del

paciente. Es auxiliado por personal de enfermería que asiste periódicamente al paciente.
6. Debido a la multiplicidad y complejidad de las necesidades afrontadas por el paciente y sus familiares, éstas son atendidas por un equipo de trabajo interdisciplinario que incluye, pero no se limita, a personal médico y de enfermería, trabajadores sociales, terapistas físicos, del habla y ocupacional, así como personal voluntario, ministros, consejeros pastorales, sacerdotes, rabinos y asistentes de la salud en el hogar.
7. Todos los servicios son coordinados con el equipo de trabajo, el paciente y su familia inmediata.

La mayoría de los programas hospicio utilizan personal voluntario para dar apoyo espiritual a la persona enferma. Este personal es seleccionado y adiestrado en forma cuidadosa, extensiva e intensiva con el propósito de aumentar y mejorar los recursos y servicios del equipo interdisciplinario. Se espera que este personal provea servicios vitales y necesarios para rodear al enfermo de comodidad en medio de la aflicción de su enfermedad. Además del cuidado clínico, se ofrecen al paciente con enfermedad terminal servicios tales como compañía, transportación, oportunidades recreativas y apoyo emocional.

La función pastoral

El aspecto espiritual para ciertos pacientes de hospicio incluye brindar oportunidad y fomentar el deseo de participar en los rituales religiosos, sacramentos o recursos de la iglesia. Para algunos, las necesidades espirituales están ligadas a los conflictos que afrontan ante el significado o percepción que poseen sobre la muerte, el sufrimiento, el dolor, la vida después de la muerte, la culpa y el castigo. En tales circunstancias, es fundamental que la persona que realiza la labor pastoral sienta afinidad con el paciente y pueda orientarle en el contexto de Romanos 14:7-9, reconociendo que toda persona es responsable ante Cristo y no meramente ante otros. Es imperativo preparar al enfermo para el encuentro final con Cristo fundamentado en la esperanza de que lo que dice Romanos 14:8 es una realidad. Al leer la Escritura nos percatamos de que: "si vivimos, para el Señor vivimos; y si morimos, para el Señor morimos. Así pues, sea que vivamos o que muramos, del Señor somos".

La pastoral con enfermos terminales es bastante abarcadora dadas las cinco áreas de necesidades fundamentales que incluyen fisiológicas, de pertenencia, de consideración, del más allá y de seguridad. Con el objeto de dar atención a estas necesidades, la pastoral con enfermos terminales labora conjuntamente con los miembros del equipo interdisciplinario y se propone ofrecer comodidad y consolación a través de la administración de los sacramentos, la lectura de la Escritura, las oraciones y adoración como elementos esenciales para brindar paz, consuelo y apoyo espiritual. Del mismo modo, ayudar al paciente y a su familia inmediata a explorar preguntas de significado y propósito. Dentro de esta atmósfera de apoyo se espera que pacientes y familiares puedan expresar sus temores y sentimientos y obtener orientación y consejería. Brindan además una oportunidad a la persona afectada por la enfermedad y a sus familiares de desahogar su dolor. El papel más efectivo del cuidado pastoral es saber escuchar.

Lo más fundamental para facilitar la tarea pastoral en el programa de hospicio es que el ministro, además de ser una persona de una calidad moral y espiritual intachable, pueda conocer los recursos existentes en el hospicio y los servicios que brinda en la comunidad local a personas con enfermedades terminales. También debe conocer cómo hacer referidos para el uso adecuado de los servicios que ofrece el programa cuando sea necesario.

Es importante tener en consideración que el conocimiento de los recursos disponibles en el hospicio y la comunidad, así como la identificación de necesidades existentes en el paciente y su familia son de importancia fundamental para que el capellán pueda realizar su trabajo con eficacia. El conocimiento de la forma adecuada en que pueden ser utilizados los recursos disponibles, conjuntamente con las herramientas y conocimientos de cómo brindar el cuidado pastoral con una mayor efectividad, ayudarán al capellán, consejero o ministro a ofrecer un cuidado pastoral pertinente a la realidad que vive el paciente y su familia. Esto hace que su intervención sea una eficaz y valorada por aquellos que reciben su ayuda.

Conclusión

En el programa de hospicio, la muerte de la persona enferma debe ser aceptada y reconocida como una etapa transitoria que sirve de antesala a la culminación de la vida. Uno de los propósitos del programa es ayudar al paciente de enfermedad terminal a morir con dignidad, asumiendo una actitud positiva ante su inminente partida al más allá. En Lucas 23:46 vemos a un Jesús moribundo, quien ante la proximidad de su muerte, en lugar de vivir aterrado ante la misma, pudo prorrumpir en un grito triunfal diciendo: "Padre, en tus manos encomiendo mi espíritu". Y habiendo dicho esto, murió.

El ministerio de presencia es vital para el paciente moribundo y también para las personas más allegadas pues cuando la persona está más próxima a terminar su larga jornada en esta vida necesita muestras de cariño, sostén y apoyo, especialmente en medio de sus experiencias de incertidumbre, confusión o temor. En esos momentos se necesita que la consejera tenga plena convicción en las palabras del apóstol Pablo cuando dice: "Porque para mi el vivir es Cristo y el morir es ganancia" (Flp 1:21). Sólo así podrá tener suficiente fe para plasmarla en palabras y acciones que ministren al moribundo y también a sus familiares y amigos.

Preguntas de repaso

1. Defina el concepto hospicio.
2. ¿Puede establecer alguna diferencia entre hospicio y hospital?
3. Compare el enfoque del programa de hospicio con el de los hospitales.
4. ¿Por qué el capellán que trabaja en hospicio debe conocer cuál es la perspectiva bíblica hacia los enfermos y en especial con aquellos que son desahuciados por la ciencia médica?
5. Destaque aspectos relevantes sobre el cuidado pastoral a pacientes moribundos y comente al respecto.
6. Explique por qué en el caso de pacientes moribundos, la capellana debe atender a la familia como sistema.
7. ¿Qué papel juega el capellán en el programa hospicio como parte del equipo terapéutico e interdisciplinario del programa?

8. ¿Qué complicaciones legales pueden ocurrir cuando el oficial de capellanía desconoce los aspectos ético-legales de la consejería?
9. ¿Qué papel juega la iglesia como comunidad sanadora al trabajar con pacientes moribundos?

6

Capellanía en el contexto de hospitales para la salud mental

Hospitales para la salud mental

Se identifican como hospitales para la salud mental a aquellos hospitales que estudian y proveen asistencia médica y tratamiento a pacientes cuya enfermedad entraña una psicopatología o desarreglo en las funciones psicológicas del sujeto. Generalmente se identifican con la rama de la medicina que trata de la psiquiatría. La psiquiatría es un término que proviene del griego *psyké*, que se traduce como mente, alma e *iatreía* que es cura, tratamiento. Cuando hablamos de psiquiatría, hacemos alusión a la rama de la medicina que se ocupa del estudio, diagnóstico y tratamiento de las psicopatologías o enfermedades mentales.

A fines del siglo XVIII, por primera vez los pacientes que sufrían de enfermedades mentales comenzaron a recibir tratamiento médico orientado a dar atención a su condición como pacientes con disturbios mentales. Anteriormente, estos fenómenos eran atribuidos a causas sobrenaturales, especialmente como casos de posesión demoníaca. Ya para fines del siglo XVIII, la ciencia médica empieza a atender las dolencias mentales como enfermedades y no como experiencias atribuidas a causas sobrenaturales y divinas. La historia registra horrores perpetrados contra las personas con enfermedades mentales debido a las supersticiones y temores, al fanatismo religioso y a la clasificación de estos fenómenos como productos de sortilegios, encantamientos o posesiones demoníacas.

Todavía en pleno siglo XX, en el seno de algunos círculos religiosos se cometieron graves errores debido a que atendieron casos que tenían que ver con psicopatologías como si fueran posesiones demoníacas. No obstante, desde el siglo XIX la ciencia ha podido clarificar la condición de la enfermedad mental y al hablar de ella, hace referencia a una alteración o anomalía del pensamiento, sentimientos, emociones, patrones de conducta y alteraciones en las relaciones interpersonales o en la adaptación social y profesional del individuo que sufre este tipo de enfermedad.

El francés Philippe Pinel (1801) fue el primero que utilizó una terapia basada en el contacto personal con el enfermo y en la planificación de una serie de actividades encaminadas a conseguir el bienestar del paciente. La contribución de Pinel al tratamiento de las enfermedades mentales fue extraordinaria. Con sus investigaciones inició el proceso de poner fin a la tradicional creencia en la posesión demoníaca de los enfermos mentales. También se empezó a corregir el trato cruel e inhumano que en consecuencia ellos recibían en los hospitales de aquella época. Desde ese momento, surgió la necesidad de establecer hospitales para atender este tipo de pacientes.

A través del tiempo, se han utilizado y se utilizan diversos puntos de vista y métodos para atender las psicopatologías. No se puede pasar por alto la contribución de personas como Emil Kraepelin, quien realizó estudios sobre estos fenómenos y trabajó en la clasificación y descripción de los síntomas clínicos, así como su etiología y causa y el descubrimiento de dos tipos de psicosis: la psicosis maníaco-depresiva y la demencia precoz. La utilización del psicoanálisis fue el método concebido por Sigmund Freud para dar atención a la persona con disturbios mentales. El psicoanálisis ha jugado un papel importante en el estudio de este tipo de enfermedades. Ya para mediados del siglo XX (1950) surgió el uso de drogas psicotrópicas, depresoras, tranquilizantes y antidepresivas para dar tratamiento a los pacientes que sufren enfermedades mentales.

Para dar tratamiento a los pacientes con disturbios mentales se requiere que la persona que labora como asesora pastoral posea conocimientos especializados dado que hay toda una serie de enfermedades como la depresión, esquizofrenia, locura, las neurosis, paranoia, enfermedades psicosomáticas y otras. Por la naturaleza tan compleja de estos disturbios, el paciente no puede ser asistido por personal neófito en esta rama de la medicina. El manejo de las situaciones que diariamente son confrontadas en los hospitales para enfermos mentales requiere de personal especializado. Incluso en el ámbito de los asuntos espirituales, por la complejidad de los disturbios mentales, la persona que atiende al paciente debe estar cualificada para trabajar con este tipo de enfermos.

La capellanía en hospitales para la salud mental

Al igual que en los demás hospitales y otras instituciones que se preocupan por dar apoyo espiritual a sus poblaciones, en los hospitales para la salud mental se organiza un Departamento de Capellanía. El mismo está llamado a funcionar con un enfoque no proselitista e inclusivo, tomando en consideración las preferencias o inclinaciones religiosas de la población, así como los disturbios que en materia religiosa pueda estar afrontando el paciente. Se espera que el capellán pueda trabajar efectivamente con los pacientes en medio de la diversidad de creencias religiosas y los prejuicios o disturbios que pueda tener el paciente en materia de fe o práctica religiosa. La capellana debe preocuparse por atender con efectividad las necesidades espirituales del paciente de manera que sean satisfechas, ya sea al ministrarles directamente o referirlos al clérigo de preferencia del paciente.

El Departamento de Capellanía en un hospital para la salud mental debe poseer uno o más clérigos, sacerdotes o ministros que sean reconocidos en forma oficial por la institución. La ordenación o endoso por una religión o denominación reconocida es requerida en la mayoría de las instituciones, así como el adiestramiento adicional en los procesos clínicos. Para desempeñar el oficio de capellán en un hospital especializado en enfermos mentales se requiere que el candidato conozca y entienda las necesidades particulares de su población de enfermos. Además debe ser una persona que conozca en forma adecuada la interrelación existente entre la religión y la psiquiatría y psicología.

Historia

En un principio, el trabajo de capellanía en los hospitales para la salud mental era realizado desde un punto de vista únicamente religioso. Por lo tanto, los hospitales de salud mental más antiguos consideraban que no necesitaban enfocar los servicios de capellanía como profesión puesto que todo el proceso era percibido como un medio para orientar a la persona en el ámbito espiritual. Hunter (1990:716) cita a B.P. Gogia, quien dice que:

> En América, Benjamín Franklin y Benjamín Rush fueron responsables de la fundación del primer hospital para dar atención a la salud de los pacientes con disturbios mentales en 1752 en Filadelfia como el hospital de Pensilvania.

Los cuáqueros jugaron un importante papel para el establecimiento de ese primer hospital para la salud mental. La labor de la capellanía formaba parte del enfoque del trabajo ministerial realizado por la iglesia y era de carácter voluntario.

A pesar de que la figura del capellán era muy familiar en el contexto militar y en algunas otras instituciones, no fue hasta principios de 1900 que el concepto fue aplicado en el área de los hospitales para la salud mental. Señala B.P. Gogia (116) que:

> En 1924 el Rdo. Anton Boisen se convirtió en capellán contratado a tiempo completo en el Hospital Worcester en Massachussets. Boisen era un ministro que había tenido hospitalización por dificultades de salud mental. Durante su hospitalización se convenció de la ruptura entre la medicina y la religión y dedicó el resto de su vida al desarrollo del concepto de trabajo en la capellanía de hospital en el área de salud mental, enfatizando la contribución que la teología podía dar a la medicina.

Adiestramiento

No se ha aceptado un patrón universalmente reconocido para el adiestramiento en la capellanía de hospitales mentales. Cada hospital establece los criterios según la política desarrollada por su personal oficial o junta de directores. La práctica más generalizada es que los hospitales dan un adiestramiento clínico de seis meses de duración parecido al que ofrece la Asociación para la Educación Clínica Pastoral (AECP), en adición a la preparación ofrecida por los colegios y seminarios religiosos.

La Educación Clínica Pastoral tiene dos enfoques: la adquisición de conocimientos acerca de las enfermedades mentales y su tratamiento y el desarrollo de la comprensión sobre cómo la persona que va a realizar la función de consejero pastoral puede utilizar las herramientas del ministerio pastoral y la consejería. Ambos enfoques se nutren de la experiencia, dando énfasis a la presentación verbal y escrita de lo acontecido en las visitas, registrando incidentes de aprendizaje significativos, preparando estudios de casos sobre la intervención pastoral, examinando los efectos de la adoración y la predicación, realizando interacción en pequeños grupos y sesiones de supervisión individual con personal cualificado.

Los hospitales pueden aceptar en el ministerio de capellanía a personas que no han sido adiestradas a través de AECP pero que poseen credenciales equivalentes, ya sea certificadas por otras organizaciones como la Asociación Nacional de Capellanes Católicos o la Asociación Clerical de Salud Mental, o que poseen grados académicos obtenidos en campos relacionados. Son pocos los hospitales que carecen de parámetros para el adiestramiento de sus propios capellanes y pueden aceptar un ministro ordenado o profesante religioso dependiendo de la orientación del hospital. En esos casos, los servicios de capellanía son considerados "en adición a" y no como servicios profesionales integrados al programa de tratamiento.

Funciones del capellán o capellana

Para A.T. Boisen, los capellanes en un hospital para la salud mental son sobre todo ministros. Su labor primordial es procurar que los pacientes reciban cuidado pastoral. Desempeñan diversos roles con el propósito de realizar esa tarea:
1. Servicios eclesiásticos: En la mayoría de los hospitales para la salud mental se hacen arreglos para proveer a sus residentes con servicios regulares de capilla, usualmente los domingos en la mañana. Como representante de la iglesia, el oficial de capellanía dirige la adoración en la capilla del hospital en un ambiente ecuménico de servicio a la comunidad. En los servicios católicos romanos se incluye la confesión y la celebración de la misa. Los servicios protestantes incluyen el culto de adoración y la comunión. Los demás sacramentos son utilizados a discreción de las capellanas de acuerdo a como se presenten las circunstancias.
2. Servicios profesionales: Los capellanes forman parte del equipo profesional que presta servicios en el hospital. Como miembros del equipo de trabajo del hospital, laboran junto a otros profesionales que representan diversas disciplinas en uno o varios comités o equipos de tratamiento. La labor que realizan es la de actuar como intérpretes sobre las creencias religiosas del paciente, ayudando a los restantes miembros del equipo de trabajo a entender las preocupaciones teológicas que están afectando a la persona. También deben tener disponibilidad para ofrecer la consejería religiosa pertinente, cuando sea necesaria.

En ocasiones, los pacientes confrontan graves problemas que brotan de sus percepciones o experiencias negativas en asuntos religiosos. Por tanto, en esas circunstancias la consejería pastoral específica puede ser requerida para ayudar a pacientes con problemas en asuntos religiosos. No obstante, la misma será ofrecida a petición del paciente o por referido de algún miembro del equipo de trabajo. En algunos hospitales, los capellanes realizan una evaluación religiosa del paciente con el propósito de ayudar al equipo de trabajo interdisciplinario a entender mejor las necesidades del paciente y acelerar el proceso de sanidad de la persona enferma. Esta contribución del Departamento de Capellanía es muy valorada por todo el equipo interdisciplinario y debe tomarse en cuenta. Se exhorta a que este tipo de trabajo se realice orientando a los miembros del equipo de trabajo a valorar los beneficios de dicha evaluación para que puedan utilizarla como instrumento de trabajo, logrando una intervención más efectiva en forma integral.

3. Relaciones con la comunidad: Una de las actividades más importantes del Departamento de Capellanía es servir de enlace entre el paciente, su hogar, la institución, las iglesias y los pastores. Hay ocasiones en las cuales el paciente no desea que en la comunidad donde está ubicado su hogar se sepa lo de su enfermedad o su reclusión en el hospital. No obstante, la capellana debe preparar a la paciente para reingresar a su comunidad y preocuparse por tratar de relacionarle con alguno de los pastores o congregaciones de la comunidad. Lo deseable es que las congregaciones existentes en la comunidad puedan cobrar conciencia de la labor que se realiza en los hospitales para la salud mental. El Departamento de Capellanía del hospital debe hacer un acercamiento a las iglesias para orientarlas sobre los servicios que ofrece el hospital para la salud mental. También debe proveer interpretación sobre el campo de las enfermedades y de la salud mental a aquellas iglesias que demuestren interés en colaborar con este tipo de hospital. Las congregaciones deben estar informadas sobre la labor que realizan las instituciones existentes en la comunidad y desarrollar una pastoral orientada a dar servicio a las necesidades de esta población. Así podrán prepararse para recibir en su seno a las personas egresadas de estas instituciones y ayudarlas a reincorporarse a la vida en la comunidad en un ambiente de sana convivencia.

4. Servicios educativos: El Departamento de Capellanía de algunos hospitales mentales juega un papel importante en la revitalización y actualización del ministerio proveyendo oportunidades educativas a los ministros locales. Durante diferentes épocas del año, ofrecen talleres o seminarios de capacitación a los ministros interesados sobre temas específicos tales

como "Manejo del estrés" o "La iglesia y las enfermedades mentales". En ocasiones, los capellanes actúan como consultores para los ministros individualmente o para grupos pequeños, desarrollando temas de especial interés para ellos. Algunos hospitales para la salud mental son centros acreditados por ECP y pueden ofrecer créditos académicos a través de seminarios cercanos o unidades de educación continuada.
5. Investigación: El área de investigación aparenta ser una de las más descuidadas, no por carecer de importancia sino debido a que los ministros tienen poco tiempo disponible para redactar informes sobre sus visitas a los hospitales. A pesar de ello, en años recientes, los capellanes han aumentado su contribución a la producción de manuales profesionales y documentación sobre el cuidado pastoral en la capellanía. También han publicado sobre las preocupaciones teológicas respecto a la realidad que vive la persona que sufre enfermedad mental. Sin embargo, la mayoría de las publicaciones son realizadas en inglés y abarcan un área en particular. En español, carecemos de publicaciones que provean información valiosa. Al entrar al nuevo milenio, hace falta que se realice mayor labor de investigación y se publiquen los resultados en los idiomas más conocidos, para facilitar a otros el acceso a material informativo valioso que capacite mejor a la persona que trabaja en el Departamento de Capellanía para que pueda desempeñar sus funciones con mayor efectividad.

El cuidado del paciente psiquiátrico

El cuidado del paciente psiquiátrico requiere que la persona que trabaja en el oficio de la capellanía esté equipada para realizar su labor con los siguientes conocimientos:

1. Las diversas expresiones de enfermedades mentales y las características más comunes que le acompañan.
2. Nociones de psicología que le ayuden a entender las necesidades del paciente psiquiátrico.
3. El equipo interdisciplinario que labora en pro del bienestar del enfermo y cobra conciencia de sus responsabilidades de acuerdo al Manual del Reglamento del personal del hospital.

4. Los síntomas de las enfermedades, el diagnóstico dado por el médico, los medicamentos y el tratamiento a que es sometido el paciente.
5. Nociones de farmacología que incluyan el uso y abuso de medicamentos y los efectos que causan.
6. Lo que la Biblia dice acerca de los enfermos mentales y cómo da atención a ese tipo de enfermedad.
7. Los principios fundamentales de la consejería pastoral y saber utilizar las destrezas de cómo intervenir en situaciones de crisis aplicado al área de la salud e higiene mental.

Según el Rdo. Samuel Rodríguez (1990):

> La labor del capellán es la de ayudar al paciente psiquiátrico a buscar su integración. El paciente será confrontado con su coraje, angustia, sentimientos, sentido de culpa, cosas ocultas y es labor del capellán darle ayuda de modo que pueda mantener sus valores espirituales y pueda adaptarse a su medio.

No es raro ver que el paciente psiquiátrico sufra de un estado de depresión severa. En esas circunstancias, el paciente experimenta un malestar continuo de enfermedad. Cuando la depresión es aguda, la persona deprimida pierde la habilidad para sentir placer, reírse, alegrarse; se reduce su interés en el medio ambiente y se reduce su energía. Se pierde la capacidad para disfrutar la vida y el interés en mantener relación con la gente y con todo lo que le rodea. Cualquier cosa le fatiga, se produce pérdida de la memoria, del sueño y del apetito; se proyecta ansiedad, indecisión, pérdida de iniciativa y descuido en el aseo personal entre otros síntomas y signos.

Dada su condición de enfermedad, el paciente psiquiátrico puede necesitar tener contacto con personas que le ayuden a sobrevivir y adaptarse, alguien con quien pueda dialogar, que le pueda escuchar y se interese por sus necesidades. Por ende, la capellana en este contexto debe ser una persona capacitada para consolar y dar sentido de dirección a la persona que vive enajenada de su propia realidad y que necesita mucha orientación y ayuda espiritual. Recordemos que puede haber condiciones mentales donde la total disociación y enajenación pueden existir. Por lo que el capellán debe, aún sin el reconocimiento del paciente, establecer su rol de proveer ayuda y oración para beneficio de la salud espiritual de la persona enferma.

La capellana que desempeña sus funciones en un hospital para la salud mental debe ser una persona capacitada para realizar su trabajo y con el tiempo disponible para hacerlo. En el desempeño de su trabajo estará comprometida a conocer al enfermo por su nombre, visitarle, escucharle y demostrarle empatía; ser amigable, ofrecerle apoyo espiritual y emocional; leer pasajes bíblicos que sean pertinentes a la necesidad del paciente, enseñarle las Escrituras, orar por el paciente y sus familiares. También hará provisión para ofrecer diferentes oportunidades educativas y los programas de adoración, integrar a la familia en el proceso de sanidad del enfermo, participar en las terapias de grupo y llevar un diario del progreso en la rehabilitación emocional del paciente.

Conclusión

La labor de capellanía en los hospitales para salud mental es ardua y requiere que el consejero pastoral posea una mayor preparación académica con respecto al trato con un paciente psiquiátrico. Una persona que desconozca cómo es el ambiente en un hospital de salud mental y no posea conocimientos adecuados para intervenir con este tipo de población, no podrá ejercer el oficio de capellanía en forma correcta, aún cuando posea una credencial de capellán y ejerza sus funciones en otro contexto institucional.

Preguntas guías

1. Defina el concepto enfermedad mental.
2. Explique qué entiende por un hospital para la salud mental.
3. Contraste los hospitales para la salud mental con otros hospitales.
4. Comente sobre los problemas que han sido confrontados al tratar con los pacientes psiquiátricos anteriores al siglo XVIII, especialmente en las iglesias y en los hospitales.
5. Comente sobre los peligros de tratar a los pacientes que sufren de enfermedades mentales como personas que sufren posesión demoníaca.

6. ¿Cuál es su opinión sobre el ejercicio de la capellanía en hospitales para la salud mental?
7. Destaque la importancia del hecho de que el capellán pueda familiarizarse con las enfermedades que aquejan a los pacientes mentales y los tratamientos que reciben.
8. ¿Debe una persona que no posea educación formal en el área de Biblia, teología e incluso psicología y consejería, fungir como capellán en el contexto de hospitales para la salud mental?

7

Capellanía en el contexto militar

SERVICIO MILITAR

El servicio militar destaca la participación del ciudadano como miembro de la uniformada en una de las fuerzas armadas: ejército, marina de guerra, infantería de marina, fuerza aérea, guardia costera, reserva o guardia nacional. Quienes se desempeñan en el servicio militar tienen la obligación de defender a la nación y su estilo de vida. Al ingresar a la vida militar, debido a la particularidad del servicio que desempeña, la persona se coloca fuera de la población civil. Esta separación es necesaria por causa del adiestramiento que recibe como combatiente. La vida militar está estructurada alrededor de cierta jerarquía de valores sobre control, disciplina y obediencia, los cuales son considerados elementos indispensables para sobrevivir en un conflicto armado. Estas jerarquías tornan la vida militar en una experiencia y estilo de vida totalmente diferente al ambiente civil. Los militares incluso sirven a la nación en situaciones de emergencia para dar auxilio en casos de desastres, misiones de rescate y operaciones internacionales para garantizar la paz. Como servidores públicos, la población militar, cual oficiales que ejecutan las leyes, viven con la posibilidad del auto-sacrificio en el cumplimiento del deber.

Cuando la persona ingresa al servicio militar ocurre una transición en su vida, generándose en ella situaciones estresantes y la necesidad de adaptación a un nuevo estilo de vida. Esta transición comienza desde que se presta el juramento oficial y continúa con un período riguroso de adiestramiento básico que incluye conocimientos, destrezas, aptitudes y actitudes de la carrera militar. Al finalizar el período de adiestramiento, el nuevo miembro se ha iniciado en el proceso de adaptación a su nuevo estilo de vida en la carrera militar. Entonces puede ser enviado a una escuela o a una unidad de operaciones donde la transición continúa.

Uno de los incentivos de la carrera militar que atrae a nuevos miembros a la vida militar lo es las oportunidades de estudio que ofrece. Los programas educativos son amplios. Las destrezas del servicio aprendidas en la escuela pueden ser transferidas con facilidad a las ocupaciones civiles y los múltiples programas educacionales pueden ser validados por los colegios, universidades y escuelas vocacionales. Las oportunidades de estudio y la promesa de viajar y conocer otros lugares son un atractivo para el reclutamiento de personas competentes para el desempeño de la carrera militar. Estas oportunidades son accesibles para todos aquellos que cumplan con los requisitos de entrada al servicio militar según lo establece el reglamento.

Las personas que ingresan al servicio militar, y especialmente la gente joven, pueden afrontar problemas diversos como ansiedades, conflictos y asuntos de identidad personal. Sin embargo, por la naturaleza de las responsabilidades contraídas en el ámbito militar, se espera que estos conflictos no interfieran con sus responsabilidades militares. También se desarrollan conflictos entre los deseos de la persona y las exigencias que las responsabilidades militares depositan sobre ella. Toda persona en el servicio militar necesita el apoyo de sus superiores y compañeros de servicio para poder adaptarse a las exigencias de la vida militar, pero el manejo de sus conflictos personales se considera una responsabilidad individual. No obstante, se le puede prestar asistencia personal en caso de solicitarlo.

Es natural que en el ambiente militar los sentimientos de ansiedad en la población sean elevados, sobre todo en los miembros nuevos, especialmente cuando están en la expectativa de ser transferidos. ¿Por cuánto tiempo durará la operación militar? ¿Qué peligro potencial existe? ¿Cuánto tiempo durará la separación de mi familia? Todas éstas interrogantes causan ansiedad. Los asuntos de identidad personal cobran mayor significado puesto que la procedencia de los miembros del equipo o compañía militar es heterogénea, multilingüe, multicultural, multiétnica y ecuménica. Esta diversidad puede crear problemas de adaptación e incompatibilidad. Tener que desenvolverse en contextos tan diversos, a la par de ejercer su trabajo o responsabilidad militar en otras tierras, le exponen a culturas y prácticas desconocidas. Esta gama de experiencias exige hacer ajustes en sus hábitos del diario vivir, incluso en su forma de pensar y de percibir la realidad, lo cual no es una tarea fácil. Debido a la complejidad de experiencias y el grado de responsabilidad contraída con la sociedad, el miembro del ejército necesita ser asesorado por un guía o consejero espiritual. En la actualidad, la consejería espiritual se hace más pertinente en la medida en que han aumentado los suicidios y los actos de violencia entre los militares. Recientemente, un psiquiatra militar mató e hirió a compañeros que regresaban a EE. UU. de la guerra en Irak.

Orígenes de la capellanía militar

Las raíces de la capellanía militar se remontan al siglo IV, al soldado que más tarde fuera conocido como San Martín de Tours. La anécdota expone que mientras éste viajaba en una fría noche de invierno, encontró a un mendigo temblando de frío. Fue movido a misericordia y como no tenía dinero, partiendo su capa, dio una mitad al mendigo para cubrir su cuerpo. Luego tuvo una visión en la cual veía que el mendigo era Jesucristo. La visión guió a Martín al bautismo. Más tarde abandonó el servicio militar y dedicó su vida a la iglesia, viviendo una vida devota. En la Edad Media, Martín de Tours fue reconocido y venerado como el santo patrón de los reyes de Francia. Desde entonces, la otra mitad de su capa fue conservada en una urna como reliquia sagrada. La capa podía ser llevada al campo de batalla, pero como era un objeto sagrado, debía ser portada por un sacerdote. Este sacerdote incluso servía como pastor del rey y fue llamado *capellanus*, porque era el portador de la capa. De ahí se deriva el término en inglés de "capellán".

Características de la capellanía militar

Tanto en la capellanía medieval como en la capellanía actual, se observan dos características sobresalientes. En la Edad Media, ni el sacerdote, ni la capa procedían del rey, era la iglesia la que los enviaba. En la actualidad, no son ni el estado ni el ejército los que crean al ministro, son las iglesias o cuerpos religiosos de la nación los que envían sus ministros para servir como capellanes en el ejército. Tanto en la Edad Media como en la actualidad, los capellanes en el desempeño de sus funciones reciben una asignación e investidura de autoridad eclesial y militar.

Credencial eclesiástica

Para ejercer la capellanía militar la persona necesita una certificación oficial de su parroquia o cuerpo religioso que lo reconozca como persona apta para desempeñar el ministerio de la capellanía. Esa certificación es conocida como "credencial eclesiástica". Es responsabilidad del cuerpo religioso o del ejecutivo de la iglesia la selección adecuada del candidato para realizar este ministerio. También le compete la responsabilidad de ofrecer la credencial eclesiástica o religiosa a esta persona.

Como clérigo, el ministro o sacerdote de su comunidad de fe es la persona que ingresa a la capellanía militar habiendo asumido una actitud de compromiso con Dios y con el grupo religioso al cual pertenece. Por ello, aunque su trabajo será uno no proselitista, será responsable de representar dignamente las reglas de fe y práctica de su comunidad de adoración. Por otro lado, su conducta debe ser de respeto y colaboración, enmarcada en un ambiente ecuménico con un enfoque de servicio inclusivo y solidario. Como representante de su grupo religioso, el reto que recibe el capellán es grande, ya que debe demostrar una ejecución de excelencia en el desempeño de sus funciones.

La comisión

Cuando la candidata es aceptada como capellana militar, recibe el estatus de oficial militar. La recepción del candidato como oficial militar es lo que se conoce como la "comisión". Es responsabilidad del ejército otorgar la comisión mediante la cual se confiere un rango militar a la persona que ha ingresado a las milicias en calidad de capellán militar. Como oficial militar, el personal que labora en la capellanía militar sirve como asistente especial al comandante de las milicias. Dado que el comandante es totalmente responsable de la unidad militar que tiene a su cargo, el capellán, al igual que cualquier otro miembro de esa unidad, debe rendir cuentas al comandante.

La credencial religiosa y la comisión colocan al oficial de capellanía en una situación de compromiso dual, ya que por un lado debe su fidelidad a la iglesia o comunidad religiosa a la cual pertenece y, simultáneamente, ha asumido un compromiso total con la carrera militar, y por ende con la nación. A la par que su trabajo es realizado bajo las órdenes del comandante en jefe de las milicias, también es responsable del cuidado espiritual del comandante y de su familia inmediata.

Rasgos distintivos de la capellanía militar

La capellanía militar envuelve una disposición y ministerio de cooperación entre los grupos de fe religiosos y el gobierno para ministrar a la persona en el ambiente militar. En términos generales está diseñada para asistir espiritualmente a la persona que funge como militar. Tiene como objetivo llegar a las necesidades particulares de los hombres y las mujeres que se desempeñan en el servicio militar. Es una disposición y ministerio de cooperación entre los grupos de fe religiosos y el gobierno para ministrar a la persona en el ambiente militar. Provee cuidado pastoral lo mismo en tiempos de paz como en tiempos de guerra, abarcando todas las áreas del cuidado pastoral de adoración, consejerías, educación cristiana, bautismos, ceremonias matrimoniales, visitación a los enfermos, asistir a funerales y otros.

El trabajo pastoral, la liturgia y los sacramentos que se ofrecen en la capellanía militar son idénticos a los que ofrece un clérigo civil. Sin embargo, el ambiente militar en que se ofrecen los reviste de unas características muy particulares. Por otro lado, el mismo ambiente militar provoca que los conflictos típicos que afrontan los militares emerjan del mismo ambiente militar por diferentes razones. Algunos ejemplos de conflictos que afrontan los militares son:

1. La movilidad y su efecto en la vida de los militares

El traslado continuo de un lugar a otro a diferentes partes del mundo es algo rutinario para la gente militar. Gran cantidad de personas en las milicias se hallan en continuo movimiento, lo cual afecta al individuo y a su núcleo familiar. Los capellanes ejercen una pastoral con personas que viven en la expectativa de ser transferidos en cualquier momento. El cambio constante de un lugar a otro provoca desajustes en las actividades diarias de la persona, tanto en lo individual como en lo colectivo. Las interrelaciones con personas fuera de su batallón tienden a ser breves; una relación por largo tiempo por lo general es una excepción. En ocasiones, es difícil para la persona adaptarse al nuevo ambiente y surgen conflictos en el funcionamiento del individuo al sentirse fuera de contexto y desorientado. Esto se refleja en sus relaciones humanas. Bajo esas circunstancias es importante que el capellán esté consciente de cómo esa situación afecta al militar y pueda asesorar a la persona en forma adecuada. La orientación provista por el personal de capellanía es muy valiosa y especialmente en situaciones donde no sólo se está afectando al individuo sino también a su núcleo familiar.

2. El impacto de la población de jóvenes adultos

La población de jóvenes adultos en el ambiente militar es bastante numerosa. Una de las características típicas de esa población joven son los encuentros bulliciosos propios de la juventud. Estos tienden a desafiar y alterar la vida de servicio. Es pertinente que la capellana pueda estar consciente de las necesidades de esa población joven y sienta empatía hacia ellos. La consejería a ser ofrecida por la persona que trabaja en la capellanía debe prestar atención a una diversidad de asuntos. Un buen capellán debe preocuparse por aconsejar y alentar a los jóvenes adultos para que puedan adaptarse más fácilmente al estilo de vida militar y establecer un equilibrio en la dinámica de su vida total en medio de las circunstancias que les rodean. Los capellanes militares necesitan desarrollar el arte de escuchar dado a que el ministerio de presencia desempeña un papel muy importante en el ambiente militar. Es cierto que las horas de trabajo en la oficina son muy valiosas, pero la mayor responsabilidad de la capellana militar es salir a la zona donde se encuentra la población militar para demostrar su solidaridad con la población militar al establecer contacto tanto personal como vivencial con los militares.

3. Participación del capellán o capellana en las operaciones de campo

Entre las responsabilidades del capellán está el acompañar a la unidad militar a dondequiera que ésta va. Por lo tanto, el personal del Departamento de Capellanía también participa en los riesgos y peligros que afronta la población militar. Su misión es dar apoyo moral, aliento y esperanza a los militares en preparación para que puedan afrontar con valor las situaciones a que se enfrentan en medio del ambiente militar. Su labor es movible y más basada en las relaciones debido a la ausencia de una capilla permanente. Por eso su trabajo se convierte en uno de campo abierto doquiera que surja la necesidad.

4. Retos del pluralismo religioso en el ministerio de capellanía militar

La heterogeneidad de la matrícula y la multiplicidad de contextos de los que ésta procede también trae como resultado el pluralismo religioso. Ello representa un gran reto al ministerio del capellán pues su labor debe satisfacer las necesidades religiosas de su unidad. Su enfoque del cuidado pastoral es orientado a ofrecer igualdad de oportunidades a todos, sin hacer acepción de personas. Un rabino judío no está obligado a conducirse como un protestante. Un católico, protestante, o rabino debe trabajar en un esfuerzo solidario con los demás capellanes para proveer los servicios ministeriales necesarios a la unidad. Cada capellán debe actuar a tono con los derechos civiles estipulados en la constitución de la nación, los cuales garantizan el libre ejercicio de la fe religiosa. El respeto por el libre ejercicio de la fe religiosa no impide que se pueda trabajar en equipo, colaborando unos con otros.

Uno de los distintivos más sostenidos en la historia de la capellanía militar ha sido el apoyo solidario que los capellanes se dan unos a otros, con el fin de lograr los objetivos del Departamento de Capellanía militar. Como resultado, el esfuerzo realizado en el trabajo de equipo por las capellanas militares se ha plasmado en un modelo colaborativo ejemplar de cuidado pastoral.

5. La capellanía militar y los procesos institucionales

Además de servirle a la gente en forma individual y grupal, los capellanes también ejercen su ministerio bajo la influencia de la organización a la cual pertenecen. La colocación de la capellana como parte del equipo interdisciplinario le provee oportunidades para ejercer una influencia significativa en la política a seguir y colaborar en la implementación de las regulaciones institucionales. Los capellanes pueden hacer buenas contribuciones en las decisiones asegurando que los derechos y necesidades de la gente sean respetados, a la misma vez que son fieles a los estándares del ambiente militar. Sus funciones abogan en favor de los militares y sus familias en diversas formas, tratando de proveer bienestar y salud integral a la persona y logrando simultáneamente los objetivos institucionales.

Cooperación cívico-religiosa

Desde sus comienzos en EE. UU., la capellanía militar ha operado en forma exitosa. Ya para 1775, el Congreso de EE. UU. redactó la primera autorización para el ejercicio de la capellanía militar. En medio de los grandes cambios ocurridos en el estilo de vida americanos a lo largo de los siglos XIX y XX, la capellanía militar desempeñó un papel muy importante colaborando como enlace entre el gobierno y las instituciones religiosas. Existieron tres factores que contribuyeron a que el esfuerzo cooperativo se mantuviera constante. El primero fue el interés de la nación por adiestrar profesionalmente a los líderes religiosos en las fuerzas armadas que sirvió como incentivo para que muchos líderes ingresaran a la carrera militar. Estos podían superarse académicamente y a la misma vez podían rendir el servicio ministerial dentro de las milicias. El segundo factor fue el hecho de que los diferentes contextos religiosos de EE. UU. demostraron buena disposición para proveer candidatos para el trabajo en la capellanía militar. Así contribuyeron a que el Departamento de Capellanía militar obtuviera buenos recursos ministeriales al servicio del ejército. El tercer factor fue el interés demostrado por las organizaciones militares en el reclutamiento de seminaristas de diferentes instituciones teológicas para ingresar a la vida militar ofreciéndoles becas de estudios de nivel graduado para que pudieran estudiar a la misma vez que sirvieran en la carrera militar.

REQUISITOS PARA INGRESAR A LA CAPELLANÍA MIILITAR

Seminaristas	*Ministros Ordenados*
Cursar estudios de nivel de M. Div. a tiempo completo	Ser graduado de M. Div.
Ser menor de 35 años de edad	Ser menor de 40 años de edad
Tener aprobación denominacional	Ser Ministro Ordenado
Poseer buen estado de salud	Tener endoso denominacional
Estar en peso de acuerdo con la estatura	Poseer buen estado de salud
	Estar en peso de acuerdo con la estatura

LA MUJER EN LA CAPELLANÍA MILITAR

Cada día mayor número de mujeres ingresa a la vida militar, no sólo debido a la liberación femenina, sino también porque las milicias de los EE. UU. deben asegurarse de que cumplen con las leyes que condenan el discrimen por causa de sexo, religión, etnicidad, extracción social y otros. Debido a que la capellanía militar tiene como propósito satisfacer las necesidades particulares de las personas que ejercen funciones militares, es ahí donde el ministerio de la mujer tiene su relevancia. ¿Cuál es la necesidad de tener mujeres capellanas en las fuerzas militares? Hay que reconocer que la mujer tiene un mejor acceso a áreas donde al hombre se le hace imposible, en especial cuando se debe tratar asuntos relacionados con la familia de los militares o la mujer. Ésta posee mayor libertad de lo que puede tener el hombre para atender asuntos de índole femenina, la niñez y otros. De acuerdo con Efesios 4:11-16 y Gálatas 3:28, Dios no hace acepción de personas, ni ocupa posiciones sexistas en su trato con los seres humanos. Por el contrario, Dios hace provisión para que, en medio de la heterogeneidad y complejidades humanas, haya diversidad de ministerios que puedan satisfacer las necesidades humanas.

Las mujeres han ingresado a las fuerzas armadas en aras de mejores oportunidades de servicio y de desarrollo personal. En muchas ocasiones, la connotación que se quiere dar a la participación de la mujer en áreas de trabajo que anteriormente estaban reservadas mayormente para el hombre es que son producto de "la liberación femenina". Sin embargo, debemos ver las acciones de la mujer como una inclinación natural a recuperar el señorío que le fuera otorgado junto al hombre cuando fue creada en calidad de idónea al varón (Gn 1:26-27; 2:18,21-25).

Dios ha dotado al hombre y a la mujer de capacidades para vivir en compañerismo, armonía y colaboración, procurando el bienestar, la felicidad y perpetuidad del género humano. En Cristo, la mujer es liberada del estigma y la exclusión y tiene acceso a ser tratada en calidad de idónea al varón (Gl 3:28). Ambos son objeto del amor de Dios y receptores de la redención total en todas las áreas del vivir cotidiano. Dios desea sanar las relaciones entre los humanos, y por ello, el hombre y la mujer deben cultivar una percepción sana de sí mismo y del otro género, asumiendo una actitud de trabajo solidario.

FUNCIONES DE LA MUJER EN LA CAPELLANÍA MILITAR

La mujer capellana debe ser considerada apta para ejercer un ministerio efectivo. La excelencia de un ministerio efectivo no puede ser evaluada desde una posición sexista; tanto el hombre como la mujer deben ser tratados como personas y no como estereotipos. El ministerio enfocado a la persona establece una relación pastoral saludable en la cual no se pueden asumir posiciones ni emitir opiniones prejuiciadas. Todos los asuntos deben ser considerados en forma objetiva y responsable. Sabemos que los valores y percepciones que poseemos ejercen influencia en la forma en que manejamos los conflictos que afrontamos y también son plasmados en las relaciones que cultivamos con los demás. Un ministerio verdaderamente efectivo orientado a ayudar a los demás debe estar enmarcado en un conocimiento saludable del hombre y la mujer, los valores, percepciones, papeles culturales que se les asignan y el efecto que estos producen en la persona.

La mujer que ejerce la capellanía en las fuerzas armadas a la par que realiza su trabajo ministerial, debe tener conciencia de que al asumir una carrera militar tiene que cumplir con sus responsabilidades militares y respetar y cumplir con las expectativas que se tienen de ella como militar:

1. Deberá recibir el respeto que su rango de oficial merece.
2. Profesará respeto a todas las personas que ostentan rangos oficiales más elevados, sin menoscabo de aquellos que laboran bajo sus órdenes.
3. Deberá estar dispuesta a entrenar con las tropas para darle apoyo moral y espiritual, sometiéndose a experiencias de entrenamiento iguales a las que se someten todos los militares de manera que pueda conocer el ambiente en que los militares se desenvuelven e identificarse con la naturaleza del trabajo que realizan.
4. Deberá asistir a la Escuela de Capellanes del sistema militar para recibir los adiestramientos específicos diseñados para los capellanes de las fuerzas armadas.
5. Su sexualidad femenina no podrá ser utilizada como pretexto para no cumplir con sus responsabilidades militares.

6. En el desempeño de sus funciones como capellana deberá asumir una posición no proselitista demostrando ser apta para desenvolverse en un ambiente ecuménico.
7. No podrá interferir con las creencias que las personas bajo su cuidado puedan tener, respetando sus ideologías pero dando atención a los conflictos que éstas puedan generar.

SITUACIONES QUE ENFRENTA LA MUJER EN EL SERVICIO MILITAR

La mujer en el servicio militar enfronta problemas muy similares a los que afrontan las mujeres en otras capellanías institucionales pero que pueden cobrar una dimensión mayor por la naturaleza de la vida militar. Algunos de los problemas que enfrenta la mujer en el servicio militar son la soledad, la enajenación, la sobreprotección masculina y problemas auto-impuestos. Experimenta la soledad al verse privada de compartir sus problemas debido a la pobre imagen que se tiene de ella. Se le mira como mujer y no como marino, soldado, supervisor o persona. Existen estereotipos que clasifican a la mujer como símbolo sexual o se le asignan las tareas que tienen que ver con la limpieza, planificación de fiestas y preparar el café, las cuales la enajenan. Algunos hombres no desean trabajar con mujeres y mucho menos que ellas los supervisen. Algunas mujeres se sienten forzadas a perder su feminidad al cualificar para "trabajar en un mundo de hombres". Los hombres muchas veces no entienden los problemas médicos de las féminas.

En torno a los resultados del estudio presentados por el oficial de capellanía Thomas Hill, se pueden destacar dos aspectos relevantes. La sobreprotección masculina hace su aparición gracias a la creencia de que el hombre debe cuidar de la mujer. Dadas las diferencias físicas, algunos consideran que la mujer no está capacitada para realizar los trabajos del hombre. Cuando una mujer confronta dificultades para realizar un trabajo que le fue asignado, la reacción masculina puede ser la de hacer el trabajo por ella o la de obligarla a hacerlo sin ayuda y sin orientación. Los problemas auto-impuestos se pueden manifestar cuando algunas mujeres permiten que los hombres realicen el trabajo por ellas.

Las que actúan según el estereotipo, logran que las personas se reafirmen en ellos. Las mujeres que actúan devolviendo la discriminación de que han sido objeto suelen ser las que supervisan y tratan fuertemente a sus subordinados. No obstante, a pesar de los problemas planteados, al evaluar la labor ministerial de la mujer se debe reconocer que la excelencia del servicio por ella realizado le ha hecho digna de disfrutar de beneficios en los cuales se toman en consideración la diferencia en el funcionamiento biológico de la mujer y del varón. Esto se debe mayormente a la función reproductiva de la mujer. Podemos citar como ejemplo el hecho de que las leyes protegen a la mujer embarazada y también a su criatura.

Conclusión

La capellanía militar ofrece mayores beneficios que aquellos que se ofrecen en otros contextos de capellanía debido a los altos riesgos que debe afrontar en el desempeño de sus funciones. Los requisitos académicos que debe poseer el candidato para su admisión a las fuerzas armadas son mayores. El capellán militar enfrenta conflictos similares a los que son atendidos en la vida civil pero que en el ambiente militar pueden cobrar una mayor dimensión por la naturaleza de la vida militar. Debido a que en muchas ocasiones deberá preparar a los militares para enfrentarse a la posibilidad de morir, se necesita que la capellana militar tenga una experiencia sólida con Dios y a la misma vez esté educada con un buen fundamento bíblico teológico. Cada día se hace más imperiosa la necesidad de que los capellanes militares puedan capacitarse en el área de consejería pastoral de manera que sus intervenciones en las situaciones de crisis estén bien dirigidas y puedan ser más efectivas.

Preguntas de repaso

1. Defina el concepto servicio militar.
2. Contraste la vida militar con la vida civil.
3. ¿Por qué el ingreso a la vida militar puede generar situaciones de crisis en la vida del nuevo militar?

4. ¿Cuál es la diferencia entre credencial y comisión en el ministerio de capellanía militar?
5. Enumere algunos conflictos afrontados por los militares y comente sobre la importancia de la labor del capellán militar.
6. ¿Cuáles son algunos de los requisitos para ingresar en la capellanía militar?
7. ¿Considera que la mujer puede desenvolverse en calidad de idónea con el varón en el Departamento de Capellanía militar?
8. Comente sobre las situaciones que afronta la mujer en la capellanía militar.
9. ¿Cuál es su opinión sobre las funciones que realiza la mujer en las fuerzas armadas como mujer, como militar y como capellana?
10. ¿Cómo puede ser afectada la vida de la mujer en el contexto militar?

8
Capellanía en el contexto de la policía

LA POLICÍA

En toda sociedad organizada se requiere la existencia de una fuerza pública cuya función primordial esté orientada a garantizar la paz y el orden público. Esta fuerza no debe responder a intereses particulares, sino a los de la organización política que rige la actividad colectiva y procura el bien común. El término policía proviene del vocablo griego *politeia*, que era el nombre dado al conjunto de ciudadanos, a su forma de vida y a la administración o gestión de la ciudad. Al hablar de la policía se hace referencia al buen orden que se observa y guarda en las ciudades y estados, velando por el cumplimiento de las leyes u ordenanzas establecidas para su mejor gobierno. El término también hace referencia a cada una de las personas que fungen como agentes o funcionarios en forma individual, a la par que abarca al cuerpo de la uniformada en forma colectiva. Desde el punto de vista de la organización del estado, la policía es el organismo encargado de hacer cumplir las decisiones del poder ejecutivo.

Los cometidos de la policía pueden variar de un país a otro según sus diferentes cuerpos y subdivisiones. Sin embargo, la estructura policial posee una jerarquía. En Puerto Rico por ejemplo, existen las jerarquías de cadete, agente, sargento, teniente II, teniente I, capitán, inspector, comandante, teniente coronel y coronel. También requiere el uso de un uniforme.

Funciones de la policía

La misión de la policía como institución que sirve a la comunidad es la de garantizar la paz ciudadana y proteger el libre ejercicio de los derechos y deberes de la ciudadanía en forma individual y colectiva. En el desempeño de sus funciones surgen ocasiones en las cuales la policía se ve obligada a imponer la observancia de las leyes, incluso haciendo uso legítimo de la fuerza.

Para dar protección y garantizar la paz del orden público, la presencia de la policía se manifiesta por medio de patrullas, rondas preventivas, protección a los ciudadanos, control de tránsito de vehículos y vigilancia en lugares públicos. La policía también realiza investigaciones en los campos sociopolítico, criminal y penal. El campo de investigación penal es un área de especial cuidado ya que se ven obligados a la aplicación estricta de la ley, obligando a que ésta sea cumplida. En el área penal, la policía tiene la responsabilidad de prestar vigilancia en las cárceles. En algunos países las fuerzas policiacas poseen grupos especializados adiestrados para el manejo de conflictos relacionados con actos de terrorismo, piratería aérea o marítima. También poseen secciones especializadas encargadas de la investigación criminal, la acción contra el vicio y la delincuencia juvenil que se ocupan de indagar sobre delitos específicos como las drogas, el juego, la prostitución, daños maliciosos como destrucción de la propiedad ajena, incendios intencionales y otros.

El cuerpo de la policía también está llamado a preocuparse por desarrollar programas preventivos y voluntarios que ayuden a la comunidad en la disminución y erradicación de la criminalidad. Debido a las muchas responsabilidades que recaen sobre los miembros de la policía, lo ideal es que estén capacitados con la madurez psicológica y espiritual necesaria para afrontar las presiones características del trabajo que desempeñan.

Aspectos fundamentales de la naturaleza del trabajo en la policía

El trabajo del policía es bastante complejo y genera muchas tensiones. En ocasiones incluye dar atención a víctimas de accidentes y traumas, enfrentamiento a peligros y violencia, combatir la corrupción y enfrentamiento con criminales y sus víctimas. El orden y naturaleza del trabajo que realiza un agente puede desorganizar su vida personal. También puede limitar su participación activa en el funcionamiento de otras estructuras institucionales dentro de su comunidad como por ejemplo, su contexto religioso. Debido a la complejidad de su agenda de trabajo y lo cambiante de su horario de servicio, muchos miembros de la uniformada se ven limitados a participar ampliamente en la dinámica de su comunidad de fe. Igualmente se ven limitados a disfrutar de las actividades cívico-culturales en unidad de la familia por la rotación de sus turnos de trabajo.

En ocasiones las tensiones políticas, raciales y de diversa índole dentro del Departamento de la Policía añaden mayor presión al trabajo que realiza el agente de orden público. Los cambios políticos y económicos en la nación afectan de manera directa a la policía. Otros factores que pueden causar tensión en el ambiente de trabajo del cuerpo policiaco incluyen la complejidad en la forma en que están formuladas las leyes y la interpretación en el momento de aplicarlas, la carencia de apoyo del sistema de justicia criminal y la naturaleza del trabajo del policía que se ve matizada por ambigüedad psicológica. Por un lado, funciona como protector de la sociedad y baluarte contra el caos. Por el otro lado, conoce íntimamente y comprende la personalidad antisocial y la subestructura criminal que existe en la sociedad. Además, en ocasiones los miembros de la uniformada sufren experiencias de hostilidad por parte del público. Esta hostilidad puede reflejar ambivalencia contra la autoridad más que un rechazo al trabajo que realiza el policía. Como resultado puede suceder que la persona que funge como agente se sienta aislada.

Respuestas psicológicas y emocionales del policía

Por la complejidad del trabajo que realiza un agente, podrían ocurrir desplazamientos y transferencias emocionales en forma inconsciente desde un objeto a otro. Esta acción es la defensa principal que mayormente se observa en los agentes de la policía. Por ejemplo, un oficial que está temeroso y enojado por una situación en la cual confronta violencia y peligro puede reprimir esos sentimientos para funcionar efectivamente en su trabajo. No obstante, podría desahogarse más tarde, evidenciando su enojo sobre cualquier persona o situación que no está relacionada en absoluto con la experiencia original. Con frecuencia suele ocurrir en su ambiente familiar y ello genera mayores dificultades. La persona que sufre desplazamiento de la ira, en algún momento podría experimentar una auto-denigración irracional, depresiones, complejos de culpa e impulsos suicidas. El estrés puede resultar en un síndrome de agotamiento y reflejarse en síntomas como aburrimiento, cinismo, fatiga, amargura y pérdida de valores. Para dar atención a la persona que sufre síndrome de agotamiento, se requiere que la persona pueda alejarse por un momento de las demandas del trabajo, tomarse un descanso y disfrutar alguna gratificación por el trabajo realizado. No obstante, el auge de la criminalidad dificulta el que los miembros de la uniformada puedan alejarse del ambiente estresante para tener un descanso. Se debe reconocer que las personas necesitan que se valore la labor que realizan, máxime cuando su trabajo requiere riesgos continuos y sacrificios personales en aras del bienestar y seguridad de los demás.

Tanto el agotamiento como el desplazamiento pueden finalmente provocar en la persona afectada dificultades en todas las áreas de su vida. Los casos que ocurren con mayor frecuencia por lo general están asociados con dificultades financieras, conflictos familiares, que a su vez se reflejarán en violencia doméstica, maltrato a otras personas, divorcio y alcoholismo. Ante esa diversidad de trastornos en la vida individual del cuerpo de la policía se requiere que el ministerio de la capellanía tenga como objetivo fundamental dar apoyo espiritual, orientación y cuidado pastoral en términos generales a los miembros de la uniformada e incluso a sus familiares. Si se atienden en forma integral las necesidades del cuerpo de la policía, la comunidad podrá disfrutar en un mayor grado los servicios que prestan en la comunidad.

El capellán o capellana de la policía

El capellán de la policía es un ministro ordenado cuyas funciones ministeriales están al servicio de los oficiales de la policía, sus familiares y la ciudadanía que afronta situaciones de crisis en las cuales es llamada o notificada la policía para intervenir, controlar o recibir querellas. Como ministerio ecuménico, el Departamento de Capellanía de la policía está llamado a proveer orientación religiosa, cuidado pastoral, consejería, dar recomendaciones y oportunidad para celebrar servicios de adoración de acuerdo a las inclinaciones religiosas de las personas a las cuales va orientado el servicio. El propósito de la capellanía en el contexto de la policía no es el de sustituir el oficio del líder religioso de la localidad, sino más bien adiestrar a personal calificado para intervenir en problemas y situaciones peculiares que ejercen presión sobre los miembros de la policía. La gran mayoría de los capellanes de la policía trabajan a tiempo parcial y en calidad de servicios voluntarios. Aquellos que reciben algún salario por lo general tienen la responsabilidad de organizar y vigilar una red de trabajo con voluntarios de capellanía en adición a sus responsabilidades como capellán. El nombramiento que se le extienda a un miembro del Departamento de Capellanía, al igual que cualquier asignación de rangos por lo general es de naturaleza honorífica. Sin embargo, se observa un gran respeto hacia la persona que ostenta el nombramiento y se le reconoce su autoridad como líder espiritual.

Trasfondo histórico de la capellanía de la policía

Los orígenes de la capellanía de la policía se remontan al siglo IV d.C. (véase la anécdota sobre San Martín de Tours). En un principio estuvo ligada a la capellanía militar. No obstante, ha recibido una fuerte influencia de la capellanía en los contextos de hospital y universitario. En los EE. UU., la más antigua capellanía de la policía se remonta al año 1906 en la ciudad de Nueva York. Otras capellanías surgieron en las décadas del 30 al 50, pero la gran mayoría se desarrollaron en la década del 60. En octubre de 1973 se registró un gran avance en la capellanía en el contexto de la policía ya que en la *International Conference of Police Chaplains* se organizaron y sistematizaron los parámetros para establecer la política a seguir en el Departamento de Capellanía en los EE. UU. Se señalaron los requisitos, credenciales, códigos de ética, adiestramientos, designación y responsabilidades necesarios para los capellanes de la policía. También se reconoció la necesidad de hacer provisión para dar apoyo a las capellanas brindándoles educación continuada, proveyéndoles literatura, adiestramientos y seminarios en el campo de la capellanía de la policía.

El cuidado pastoral a los efectivos de la policía

El trabajo en la capellanía de la policía debe ser en gran medida un ministerio de presencia para escuchar y facilitar el relajamiento de parte del agente, más que demandar un cuidado o consejería pastoral sofisticada. En ningún momento el capellán debe prestarse a ser portador de malas noticias como la de notificar el fallecimiento de una persona, ya que su ministerio es de consolación. No obstante, algunas capellanías lo establecen como una función del oficial de capellanía. En realidad, es más práctico que un oficial del Departamento de la Policía sea la persona encargada de dar la mala noticia y que el capellán sea la persona encargada de dar el apoyo o consolación. Sin embargo, algunas capellanías lo establecen como función del capellán. El capellán de la policía debe abogar para que se supla orientación o educación continuada a la uniformada y a sus familias sobre tópicos de interés relacionados con la dinámica del diario vivir como medida preventiva. En casos de abuso o atropello de menores, violencia doméstica y otros, el Departamento de Capellanía debería tener personal calificado para cumplir con la responsabilidad de ofrecer la consejería familiar adecuada. Las capellanas incluso pueden visitar a los miembros de la uniformada que están enfermos y también asistir y ministrar en sus funerales.

Entre los problemas que confronta el Departamento de Capellanía de la policía podría estar el de la visibilidad y accesibilidad del capellán. No obstante, para demostrar solidaridad con los agentes, el capellán puede solicitar, con el consentimiento del policía, la oportunidad de acompañarle en su carro patrulla y así unirse a la experiencia de familiarizarse más con el ambiente en que se desenvuelve el policía e infundirle ánimo cuando las circunstancias lo requieran o cuando el agente mismo lo solicite. De ser así, se requeriría una preparación académica a tono con las responsabilidades contraídas.

El trabajo que realiza la capellana de la policía le puede colocar en situaciones ambiguas cuando tiene que establecer prioridades entre los requerimientos establecidos por la institución y aquellos que son propios de la religión que profesa. Por ejemplo, tienen que identificarse con la realidad de "los valores de la calle" (contexto en que trabaja el agente), a la par que debe poseer los valores de su fe (contexto al que pertenece y sus creencias religiosas). Mientras la función del capellán es servir como "oidor", el problema no es tan grave, pero cuando debe asumir una postura profética para dar orientación moral, se complica la situación. Desde una perspectiva teológica, la tarea del capellán de la policía hace que la persona en el desempeño de su ministerio se desenvuelva en el conflicto entre el bien y el mal, la restauración de la visión escatológica de la esperanza y la reconciliación. Por ende, la capellana debe estar clara en sus convicciones, conocer las herramientas y destrezas necesarias para dar apoyo moral y espiritual al policía a la vez que le facilite realizar los valores tanto de proveer protección a los inocentes y a los débiles como a defender la estructura y el orden de la sociedad.

Si verdaderamente la sociedad valora el trabajo que realizan los efectivos de la policía en medio de ella, tanto el gobierno como la iglesia deben realizar un esfuerzo solidario para proveer servicios de capellanía al cuerpo de la uniformada que respondan a las necesidades de ellos. En medio de las crisis que afronta la presente sociedad, se necesitan oficiales de la policía competentes física, emocional, espiritual y académicamente calificados para afrontar el reto que su ambiente de trabajo les presenta en el siglo XXI. Si el Departamento de Capellanía de la policía desea tener más efectividad en la labor que realiza en la policía debe proveer a sus miembros educación continua, de manera que puedan actualizar y contextualizar sus conocimientos y estar alerta respecto a cómo los cambios sociales afectan a los miembros de la policía y a sus familiares.

Conclusión

En una sociedad cada vez más compleja y de tantos contrastes se ha duplicado la incidencia de casos en los cuales se necesita la intervención de la policía para garantizar la preservación de la seguridad y el orden público. La situación más grave que se está afrontando es el aumento en las crisis que la misma policía debe afrontar en su vida diaria. Esta experiencia resulta del mismo ambiente de violencia en que continuamente están envueltos. Los servicios prestados por la persona que labora en la capellanía de la policía deben estar orientados a dar apoyo tanto al cuerpo de la uniformada en forma individual y colectiva y también a las familias de los agentes. En medio de las crisis que afrontan los policías en las actividades del diario vivir, necesitan ayuda y apoyo espiritual. En ocasiones, los capellanes de la policía deben asistir espiritualmente a la ciudadanía que está inmersa en una situación de crisis. La capellanía en el contexto de la policía está orientada a adiestrar personal calificado para intervenir como guías espirituales dando atención a problemas y situaciones peculiares que ejercen presión sobre los miembros de la policía y también de la ciudadanía. En medio del síndrome de agotamiento que muchas veces afecta a los miembros de la policía, el cuidado pastoral a los efectivos de la policía juega un papel relevante en la preservación de la salud espiritual y emocional de su población.

Preguntas de repaso

1. Comente sobre aspectos relevantes existentes en la naturaleza del trabajo que realizan los miembros de la policía.
2. ¿Por qué los miembros de la policía necesitan tener un Departamento de Capellanía en sus cuarteles?
3. ¿Cuál es el oficio de un capellán de la policía?

4. ¿Cómo compara la capellanía en el contexto de la policía con otras capellanías?
5. ¿Por qué el trabajo pastoral que realiza una capellana de la policía le puede colocar en situaciones ambiguas?
6. Cuando surgen conflictos de lealtades en el ejercicio de la capellanía, ¿qué actitud debe asumir el capellán?

9
Capellanía en el contexto de las prisiones

La prisión

La prisión es el establecimiento penitenciario destinado a la custodia de detenidos y procesados por haber sido encontrados violadores de un determinado código penal. La privación de libertad es conocida en forma general como prisión. Es establecida como elemento de protección y rehabilitación de la comunidad y para la persona que viola la ley respectivamente. Existe también la prisión preventiva, la cual consiste en privación de libertad ordenada por el órgano jurisdiccional competente de un presunto delincuente antes de la celebración del juicio correspondiente.

El confinamiento de la persona en una prisión es observado por los demás miembros de la sociedad desde diversas perspectivas. Para algunos representa un método de castigo para mantener al delincuente encerrado, evitando que cometa nuevos delitos y como medida punitiva por los delitos cometidos. Para otros, el confinamiento es una medida correctiva y de rehabilitación del individuo para devolverlo a la comunidad como un ser útil. Para la persona que entra por primera vez al presidio a cumplir una condena, la experiencia es dolorosa, y en el caso de las mujeres puede ser aterradora. La persona que había sido un miembro libre de la sociedad, en un instante cambió su posición social y es estigmatizada desde el momento en que se le considera como violadora de la ley, siendo clasificada en la categoría de confinada o prisionera.

Capellanía en las prisiones

La capellanía en el contexto de las prisiones tiene como propósito proveer el cuidado pastoral y ministerios afines de manera que responda a la realidad de los prisioneros y de la prisión. El ministerio del capellán va enfocado a la comunidad de las prisiones en forma integral, abarcando tanto las necesidades de los prisioneros así como la de sus familias, oficiales y al equipo de trabajo interdisciplinario que labora en la prisión. Aunque el enfoque del ministerio pastoral de las prisiones es uno no proselitista, además de ejercer el cuidado pastoral y las funciones litúrgicas puede cumplir en forma objetiva con la función evangelística, la educación religiosa, colaborar con los servicios de asistencia social y legal y respaldar los asuntos que tienen que ver con la política y manejos de la institución penal. Se espera que la capellana pueda fungir como facilitadora colaborando para que la rehabilitación de los confinados pueda efectuarse con el auxilio emancipador que da la experiencia espiritual cimentada en los principios religiosos y en el desarrollo de la fe.

En el contexto institucional, el ministerio en las prisiones puede abarcar las siguientes áreas:

1. **Ministerio en general**: Es un trabajo del liderazgo religioso con enfoque inclusivo no sectario y provee cuidado pastoral no proselitista; incluye visitación, estudios bíblicos, adoración y coordinación de las funciones religiosas.
2. **Consejería y ministerios afines:** Provee cuidado y consejería individual y familiar, el liderazgo de pequeños grupos y adiestramiento a voluntarios de capellanía en el contexto carcelario.
3. **Ministerio de intervención en situaciones de crisis:** Es un área delicada que atiende las necesidades de los prisioneros y sus familias en tiempos especiales de crisis personal o familiar.

4. **Estructura ministerial:** La pastoral en el contexto carcelario responde directamente a la institución como sistema, sirve como instrumento para alcanzar los objetivos, política y administración de la institución con el propósito de lograr cambios positivos que ayuden a la confinada en su proceso de rehabilitación, a la par que funge como voz de la conciencia de la institución.

Perfil social de los prisioneros

Los prisioneros son una comunidad heterogénea. Provienen de una diversidad de trasfondos sociales, culturales y religiosos, con historias que frecuentemente son extraños estereotipos populares del criminal. Sin embargo, su apariencia externa es igual a la del ciudadano común. Antes de su encarcelamiento, la persona por lo general se vestía, vivía, trabajaba y se desenvolvía como una ciudadana más. Incluso podía estar activa en asociaciones u organizaciones cívicas, asistir a una iglesia en particular y cumplir aparentemente con los parámetros sociales de buena conducta. De igual manera, si se hace un análisis de la preparación académica y ocupacional de los prisioneros, se puede observar que entre estos puede haber personas con una procedencia respetable y dotados de grandes talentos artísticos, musicales u otros. En ocasiones, en su proceso de rehabilitación se logra que la prisionera pueda cursar estudios para alcanzar el diploma de Escuela Superior o nivel de Bachiller o Graduado mientras está encarcelada. Existe un programa de ayuda económica para subsidiar los estudios de aquellos confinados interesados en rehabilitarse y esforzarse en lograr una superación académica que les permita reingresar a la comunidad libre, capacitados para participar activamente en el mundo laboral. Al analizar el perfil de la población existente en las prisiones se puede apreciar que son una representación de la sociedad en general.

Hunter (1990:953) cita a W.R. Graham, el cual señala que:

> En los Estados Unidos de Norteamérica, más de la mitad de los prisioneros proceden de hogares donde uno de los progenitores está significativamente ausente; muchos poseen historias de conflictos familiares, niños abusados o descuidados. Muchos sufren

privación económica y cultural, fracasos educativos y desempleo crónico. La carencia de destrezas para trabajar, el analfabetismo e ignorancia, y un historial de drogadicción son comunes.

Además, los prisioneros representan solamente una pequeña porción de la sociedad que viola las leyes. La mayoría de los criminales "prósperos" según W.R. Graham (:953):

> Escapan de la aprehensión o tienen recursos suficientes para vencer al sistema de justicia criminal. La gran mayoría de las personas que son arrestadas por crímenes nunca han sido procesados y solamente una pequeña porción de los que son convictos permanece siempre encarcelados. Algunos de los que permanecen en prisión son aquellos "que no han prosperado", los cuales son usualmente pobres, carecen de educación y viven bajo el nivel de pobreza en el contexto norteamericano.

La realidad de la persona confinada dentro de la institución penal

Si se hace una evaluación del ambiente que existe en una institución penal y nos preguntamos qué encuentra un confinado dentro de la institución penal, se podría apreciar que la comunidad de confinados es un reflejo de la presente sociedad. Según el Rdo. Padre Ferrer (1990):

> "El confinado encuentra todo lo que se da en la calle y en forma más cómoda (en cuanto a vicios se refiere). La cárcel es un reflejo de la sociedad actual. El confinado ha formado parte de la sociedad en la cual vive. Nuestra sociedad es prácticamente atea, está materializada y cosificada; es un reflejo de nuestro fracaso como iglesia. El 80% al 95% de la población de un área no va a la iglesia. De este ambiente proviene el confinado. No se habla de los valores morales, espirituales, culturales del pueblo. El ser humano busca la seguridad económica. ¿Quién nos da más? Pero los bienes materiales no valen una vida humana. Las grandes fiestas de nuestra isla carecen de valores espirituales y morales, se ha perdido el verdadero significado de la celebración. En la cárcel encontramos más de lo mismo que hay en la sociedad; se agiganta la presencia del mal en el sentido de que es un marco cerrado. Todo lo que sucede en la sociedad puertorriqueña es que

Dios fue sacado de nuestra constitución y de las estructuras de gobierno. La iglesia está llamada a devolverle a nuestro Dios el lugar que a él le corresponde. La misión de la capellanía es llevarle a Cristo, el confinado necesita más que apoyo económico, moral y espiritual".

LA PRIVACIÓN DE LIBERTAD Y SU IMPACTO EN LA VIDA DEL CONFINADO

La libertad es uno de los derechos inalienables del ser humano. Cuando la persona delinque, es procesada y sentenciada culpable, se ve separada de la libre comunidad y pierde su derecho a la libertad. Se espera que el confinado tenga la oportunidad de ser rehabilitado para su reingreso a la libre comunidad. Se espera que el técnico social sirva como agente de enlace entre la sociedad, la institución y el confinado para lograr el cambio deseado en el proceso de rehabilitación. Se supone que tengan reuniones periódicas con la confinada para ayudarle en el proceso de cambio, pero muchas veces no ocurre así; entonces se refugia en la capellana.

La persona confinada independientemente de su condición social, moral y espiritual, debe ser tratada con dignidad porque ha sido creada por Dios como una persona digna, con capacidad para recibir la revelación divina y alcanzar el perdón divino por medio de la reconciliación con Dios por la fe en Cristo. El apoyo espiritual es de vital importancia en la vida del confinado y comienza desde la institución donde se establecen los lazos de afecto y confianza con el capellán y se extiende por mediación del capellán a la iglesia y a la comunidad. Por tanto, el capellán juega un papel muy importante para lograr la rehabilitación de la persona que está privada de su libertad pero que posee amplias oportunidades para su superación provistas por los Programas de la Administración de Corrección. Las capellanas ejercen una función importante enseñando a la confinada a utilizar adecuadamente las oportunidades disponibles para ayudarse a sí misma dentro de la institución penal y también en la libre comunidad. Para lograr los objetivos del Departamento de Capellanía, el capellán debe guiar al confinado a cultivar una autoestima saludable a pesar de la privación de su libertad, animándole a asumir una actitud positiva hacia el proceso de su rehabilitación y estimulándolo al cultivo de la fe en Dios y el deseo de convertirse en un ciudadano útil, respetuoso de la ley y productivo.

Realidad emocional de la persona confinada

La atmósfera existente en las instituciones penales varía de institución a institución. No obstante, en todas ellas existen unas características comunes como lo son la imposición de restricciones involuntarias sobre la conducta individual, las cuales son fundamentalmente de naturaleza coercitiva. El ambiente psicológico puede ser afectado por factores como las leyes, la autoridad, la fuerza, el estatus, el miedo, la violencia y la amenaza. Por otro lado, la separación del individuo de su núcleo familiar y de su círculo de amigos trae como resultado intensos conflictos emocionales relacionados con su sexualidad, el amor, la relación matrimonial y las interacciones humanas en términos generales. Dentro de estas condiciones, el confinado se ve enmarcado en un mundo en el cual hay que aprender a sobrevivir, ya que una vez privado de su libertad, es introducido en un mundo donde la comunidad penal establece sus propias leyes (su código de ética) y juzgan a cada uno de los que son convictos de acuerdo a los parámetros de conducta que ellos establecen. La confinada se ve expuesta a un nuevo estilo de vida y de relación humana determinado por la comunidad de confinadas. Dentro de ese ambiente, muchos prisioneros cultivan una autoestima baja, "se sienten sucios" y experimentan sentimientos de pérdida, alienación y piensan que "la vida no vale nada".

El estado anímico o emotivo que vive un confinado puede ser volátil. Unas veces puede ser hostil y otras puede aparentar mansedumbre. El confinado muchas veces conoce más de las leyes y cómo evadirlas que el mismo abogado; utiliza la manipulación para lograr sus propósitos. Por tanto, es necesario que el capellán conozca la psicología del confinado. En ocasiones, da la apariencia de cambio pero sigue pensando igual o peor que antes, con la diferencia de que ha aprendido la psicología de las personas que ejercen autoridad sobre ellos y puede simular estilos de conducta de acuerdo a las expectativas que se tienen de ellos en el contexto de su rehabilitación.

La situación que vive el confinado representa un reto para el cuidado pastoral. Al evaluar la atmósfera o medio ambiente existente en las prisiones, la capellana debe conocer cómo y cuándo su intervención como consejera pastoral es necesaria y en qué medida puede contribuir a la rehabilitación de la confinada ayudándole a cultivar la fe en Dios y a mejorar el concepto sobre sí misma y sobre la humanidad. ¿Cómo motivar a la confinada a creer en el buen propósito del equipo que labora en favor de su rehabilitación y a prepararse para su reingreso a la comunidad libre como una persona productiva? Verdaderamente la tarea es ardua, pero el capellán juega un rol fundamental como parte del equipo de trabajo y del Programa de la Administración de Corrección.

El papel del capellán en la institución penal

El capellán es un guía espiritual para dar apoyo, cuidado pastoral, orientación y consejería a los confinados como parte de los programas de rehabilitación de la Administración de Corrección. También ayuda a satisfacer las necesidades espirituales del personal que labora en las prisiones. Es un representante de Dios, de la agrupación religiosa a la cual pertenece y también de la institución penal. Su tarea ministerial representa a la comunidad religiosa en bien de la autoridad institucional, sirviendo de enlace y como agente de ayuda en el proceso de rehabilitación del convicto, de manera tal que pueda prepararse para su reingreso en forma exitosa a la libre comunidad. La persona ejerciendo la capellanía desempeñará diversas funciones a tono con las necesidades existentes en la institución penal y la disponibilidad de recursos humanos para lograr los objetivos del Departamento de Capellanía. Por tal razón debe ser una persona capacitada académica y espiritualmente. También debe tener madurez emocional, saber establecer relaciones humanas saludables, saber escuchar a las personas, ser amigable, íntegra, confiable, realista, flexible y recta, respetuosa de las leyes y de la autoridad.

El capellán es un funcionario público, pero a la misma vez es un representante de Dios, que se une al equipo de trabajo existente en la institución penal en un esfuerzo solidario de trabajo en equipo. Laborará junto a los oficiales de custodia, sociopenales, terapistas y demás personal con el propósito de lograr la rehabilitación del confinado. Debe ser percibido por las autoridades de corrección y por los confinados como agente de cambio, guía espiritual, una persona capacitada para orientar y consolar; a la par, que es una persona organizada, respetuosa de la ley y el orden y un digno representante de Dios y de su grupo religioso. Por ende, debe ser un modelo como siervo de Dios.

El reto de la capellanía en el contexto de las prisiones

Hasta fines del siglo XX, tomando como ejemplo el contexto de las prisiones en Puerto Rico, toda persona que aspiraba a realizar funciones de capellanía en una institución penal debía estar consciente de que su trabajo será realizado en base a servicios voluntarios (no recibirá compensación económica). Esta situación al parecer ha comenzando a modificarse en algunas instituciones penales durante la segunda mitad de la década del 90 y se ha iniciado el proceso de contratación de estos servidores ofreciéndoles compensación salarial por sus servicios pero no es una práctica generalizada. Por otro lado, en muchas instituciones penales aún no se le reconoce al capellán su competencia profesional por lo que necesita tener convicción de que Dios le ha llamado al ministerio de la capellanía, tener vocación y estar en condiciones de asumir una actitud de compromiso con Dios, la iglesia, la institución penal y el confinado o confinada. Su estatus y roles serán definidos dentro del Departamento de Capellanía y debe estar en la disposición de realizar sus funciones a tono con los mismos, realizando su trabajo con un enfoque inclusivo, no proselitista, efectuado en un contexto ecuménico y con carácter colaborativo e interdisciplinario, ya que será un trabajo de equipo.

Para ser un buen capellán debe conocer el Manual de Reglas y Procedimientos de la institución y cumplir con los parámetros de conducta establecidos por las autoridades penales. Su trabajo no será fácil. Además de su preparación académica en conocimientos bíblicos, teológicos y en consejería pastoral, necesita ser un conocedor del ser humano aplicando sus conocimientos a la realidad de la prisión.

PRECAUCIONES FUNDAMENTALES EN LA CAPELLANÍA EN LAS PRISIONES

Se ha observado que la pérdida de libertad, el encierro, la separación de la familia y de los amigos íntimos, junto a otros factores han contribuido a que muchos confinados se tornen manipuladores y aprovechen cualquier oportunidad que se les presente para establecer contacto con el exterior. Las razones que tiene un confinado para buscar esa comunicación son de índole diversa y no siempre están motivadas por sentimientos nobles hacia sus seres amados. En ocasiones se han cometido robos, asesinatos, fugas de prisioneros, guerras entre las pandillas o transacciones de venta de drogas enviando un comunicado en clave a través de un mensaje aparentemente simple y utilizando como portador a una persona incauta que desconoce el lenguaje del bajo mundo. Por tal razón, se desconfía de todo mundo y se toman medidas de seguridad para evitar este tipo de experiencia. El capellán, por ser una persona de enlace entre la institución, el confinado y la comunidad, está llamado a evitar ser utilizado por los confinados como portador de mensajes, artefactos y substancias que atenten contra la seguridad institucional, pública o individual. Por lo tanto, debe evitar:

1. Ser portador de mensajes por carta u orales enviados a familiares o amigos de los confinados, si estos no han sido revisados por el oficial de seguridad de la institución a quien se le delega esa función.
2. Llevar artículos o dinero para el uso personal del confinado sin que los mismos pasen por una revisión o censura.
3. Ser demasiado crédulo. Al confinado no se le puede creer todo lo que dice aunque debe ser tratado con consideración y respeto.
4. Establecer lazos estrechos con algún confinado otorgándole privilegios que no están al alcance del resto de la población penal.
5. Ir a ver a algún confinado sin antes ver al trabajador social.
6. En ocasiones se ha descubierto que personal que trabaja dentro de la institución facilita la corrupción dentro del sistema. Debe evitar ser solidario de sus actos.

Organigrama del departamento de capellanía en una institución penal

Capellán de la Administración: Es la persona que coordina y supervisa bajo el Administrador Auxiliar A/C Área de Seguridad a nivel central de la programación religiosa de las Instituciones Penales en Puerto Rico.

Capellán Auxiliar: Funge como enlace entre los capellanes coordinadores de las instituciones y la oficina central de la capellanía.

Capellán Coordinador (Institucional): Tiene la responsabilidad de coordinar la programación religiosa de la institución junto al superintendente y el comandante de la guardia.

Capellán Residente: Es responsable de coordinar el servicio religioso de una denominación particular. Proveerá consejería personal y dirección espiritual a los confinados o confinadas interesados y a aquellos miembros del personal institucional que lo deseen. Desarrollará programas de estudios religiosos a través de grupos de estudio, foros de discusión y clases formales de educación religiosa.

Pastores Comunitarios: Estos son los pastores o párrocos de las distintas comunidades de donde provienen los confinados a las cuales retornarán una vez extinguidas sus sentencias. Interesar a los pastores es una forma efectiva de involucrar a nuestras comunidades en el proceso de rehabilitación de los confinados. Por este medio la capellanía tiene en sus manos una forma para darle seguimiento al trabajo comenzado en la institución.

Voluntarios Religiosos: Son grupos de voluntarios religiosos presentados por el Capellán Residente para asistirle en sus funciones en la institución.

FUNCIONES DE LOS CAPELLANES EN UNA INSTITUCIÓN PENAL

Una vez que el capellán recibe el nombramiento oficial como capellán de la institución, viene a formar parte del personal y responderá al Superintendente de la institución por su ejecutoria ministerial. El Superintendente le delegará la programación y celebración de las actividades religiosas. El capellán será responsable de organizar y presidir los servicios de culto para su fe. La programación y celebración de las actividades deberá hacerse en coordinación con el Director del Área de tratamiento o con el Superintendente de la institución (cuando no exista el mencionado Director). Siempre que exista algún elemento de conflicto que pueda atentar contra la seguridad institucional, el Superintendente en coordinación con el capellán determinarán la acción a seguir en relación con la programación y celebración de dichas actividades. Entre las funciones realizadas por el capellán se destacan las siguientes:

1. **Sacramentos**: Los capellanes administrarán los ritos sagrados en conformidad con las tradiciones y normas de sus respectivas iglesias. Los capellanes católicos ministran los sacramentos del bautismo, confirmación, reconciliación y unción de los enfermos. Los capellanes evangélicos ministran generalmente los sacramentos del bautismo, Santa Cena y algunas denominaciones practican la confirmación. Las ceremonias matrimoniales como norma general no se celebran en la institución.
2. **Servicios de Culto Público**: Los capellanes asignados a cada institución tendrán a su cargo y bajo su responsabilidad los servicios de culto. Podrán invitar predicadores especiales y a otros voluntarios para que le ayuden en su ministerio si así lo desean, más no deberá ser la norma ordinaria. Las restricciones de orden a la seguridad y custodia regularán la invitación de personas de la libre comunidad.
3. **Ritos Especiales:** Servicios conmemorativos y servicios en memoria de confinados fallecidos podrán celebrarse siempre y cuando exista una capilla en la institución.

COORDINACIÓN CON LA PROGRAMACIÓN INSTITUCIONAL

Con el propósito de que el programa de actividades religiosas sea eficaz será necesario que los capellanes se reúnan con el Capellán Coordinador de la institución y con el Director del Área de Tratamiento de la institución para planificar la programación religiosa. Se espera que dicha programación no entre en conflicto con el orden de custodia y con otras actividades que pudiera estar organizando la institución. Por tal razón la programación del Departamento de Capellanía estará integrada al programa general institucional. La programación será sometida al Superintendente para su aprobación, la cual una vez aprobada, se hará de conocimiento al personal socio penal, de custodia y a la población penal.

CONCLUSIÓN

El ministerio de capellanía en el contexto carcelario está orientado a atender las necesidades espirituales de la población penal y de los empleados que trabajan en dicha institución, aunque el enfoque del ministerio pastoral en las prisiones es uno no proselitista. Además de ejercer el cuidado pastoral y las funciones litúrgicas, el capellán puede cumplir en forma objetiva con la función evangelística, la educación religiosa, la colaboración con los servicios de asistencia socio legales y respaldar todos los asuntos relacionados con la política y manejos institucionales.

El Departamento de Capellanía en una institución penal juega un importante papel como guía espiritual para dar apoyo, cuidado pastoral, orientación y consejería a la población penal como parte de los programas de rehabilitación de la Administración de Corrección. El capellán es un funcionario público pero a la misma vez es un representante de Dios, que se une al equipo de trabajo interdisciplinario existente en la institución penal en un esfuerzo solidario de trabajo en equipo para lograr la rehabilitación de la persona confinada.

PREGUNTAS DE REPASO

1. Defina el concepto institución penal o prisión.
2. ¿Qué entiende por capellanía en las prisiones?

3. Describa el perfil social de una persona confinada.
4. Explique la importancia de que el capellán conozca el perfil socio demográfico de la población a la cual sirve.
5. Destaque aspectos relevantes de la capellanía en el contexto penal.
6. Contraste la capellanía en el contexto penal con la capellanía en otros contextos institucionales.

10

Capellanía en el contexto empresarial

Definición del concepto empresa

Se define el término empresa como aquella organización dirigida a la producción de bienes o servicios para el mercado. Se considera a la empresa como la unidad básica de la producción de bienes. Por tal motivo, ha sido objeto de estudio de la economía y del derecho. Como resultado de la alta tecnología y la creciente aparición de las grandes sociedades multinacionales, la iniciativa empresarial se ha extendido a los diferentes órdenes de la vida humana, impactando a los individuos y a sus comunidades. Debido a la diversidad de formas en que el sistema empresarial ha impactado la vida de la comunidad, tanto en forma individual como colectiva, su realidad se ha convertido en un foco de interés para la investigación científica, para la sociología, las ciencias sociales y humanas y también para la teoría política.

Naturaleza de la empresa

El concepto empresa puede variar según el contexto sociopolítico al cual pertenece el sistema empresarial. En la sociedad capitalista en cuyo seno surgió, la empresa representa mucho más que la unidad básica de producción ya que es el centro de decisión económica. Dentro del sistema capitalista, la empresa tiene como objetivo fundamental la obtención de beneficios. De acuerdo con el orden jurídico, posee la libertad de orientar su producción del modo que juzgue más conveniente. Sus decisiones estarán condicionadas por el mercado, igualmente su radio de actividad. Por tanto, la mercadotecnia estará bien asociada a los sistemas empresariales. La ley de oferta y demanda jugará un papel fundamental en el volumen de producción, distribución y mercadeo realizado por las empresas. Esto a su vez impactará de una forma u otra a la población que labora en las empresas, así como a sus familias y a las comunidades a las que éstas pertenecen.

Situaciones conflictivas generadas en el mundo empresarial

En las sociedades de una economía y mercado libres, la publicidad y la propaganda se convierten en una necesidad. Lo deseable sería que la ley de oferta y demanda ayudara a la comunidad a obtener mejores servicios. Sin embargo, la propaganda muchas veces va orientada a manipular al público. Se puede observar cómo la información, la publicidad y la opinión pública son manipuladas por una minoría que controla los medios de comunicación, guiando al público a aceptar y acceder a los planteamientos de la minoría que ejerce el poder. También los costos de la publicidad se cargan a los productos, haciéndolos más costosos.

La percepción de la tecnología como objeto y proyección del ser humano ha generado una moralidad de la despersonalización y alienación humana tanto del instrumento como del producto. Se ha podido apreciar que la tecnología ha introducido cambios notables en el sistema económico y en el orden social. Los cambios han afectado los estilos de vida, patrones de conducta, los valores y creencias del ser humano, e incluso han generado cambios en los mismos sistemas empresariales, en los medios de comunicación masiva y aún en la misma tecnología. La complejidad de los cambios ocurridos dentro de los sistemas empresariales ha impactado a los núcleos familiares, modificando incluso las diversas funciones que realiza la persona en virtud de las posiciones que ocupa en la familia. Esto ha creado desajustes en la vida y unidad de la familia, que a su vez se han dejado sentir en la sociedad. Las situaciones estresantes y el agotamiento físico, mental y emocional suelen ocasionar dificultades en el funcionamiento de la empresa, así como en la vida del individuo y en su ambiente familiar. Por tal motivo, algunas empresas ya han iniciado el proceso de modificación del organigrama del personal que labora en la institución, dando oportunidad para que haya personal cualificado que pueda ofrecer los servicios de capellanía al personal que labora en la empresa.

Importancia de la labor del capellán en el contexto empresarial

El Departamento de Capellanía en el contexto empresarial aún no ha podido desarrollarse plenamente pues es un campo todavía virgen; aún falta por clarificar: ¿Cuál ha de ser la política a implementarse para el funcionamiento de un Departamento de Capellanía dentro del sistema empresarial que sea adecuado a sus necesidades e intereses? Sin embargo, es loable observar cómo van incrementándose las oportunidades que se le dan a los representantes de las iglesias establecidas para ministrar en actividades realizadas por las empresas. Incluso en las agencias públicas y privadas ha habido un aumento en la celebración de actividades ecuménicas, en las cuales el liderato de las iglesias se ha unido al personal que labora en esa institución para celebrar un culto de adoración.

La presencia de la persona que funge como ministro del evangelio es valiosa en la dinámica de las actividades del diario vivir en las empresas. En ocasiones, los miembros del personal están afrontando situaciones de crisis que no guardan ninguna relación con el trabajo que realizan; no obstante, afectan la productividad del empleado. En esas circunstancias, el ministerio del capellán es muy valioso para dar apoyo espiritual y emocional a la persona que sufre.

El asesoramiento y cuidado pastoral nunca está de más ya que los seres humanos siempre viven afrontando dificultades que con la ayuda de un consejero pastoral pueden ser menos dolorosas. Se espera que al igual que en los demás contextos en que se realiza la capellanía, ésta sea ofrecida en un ambiente ecuménico en el cual haya apertura para realizar trabajo en equipo, colaborativo e interdisciplinario. La persona que acepta trabajar en el Departamento de Capellanía en el contexto empresarial debe ser apta en el conocimiento del ser humano y debe conocer el panorama local e internacional en que se desenvuelve el humano. En medio de la complejidad de los cambios socioeconómicos, es fundamental que la capellana posea conocimientos, herramientas y destrezas con las cuales pueda responder al reto que los sistemas empresariales puedan representar dentro de la presente sociedad. Además de tener conocimientos en Biblia y teología, la persona que funge como capellán debe conocer el mundo de la administración de empresas y cómo asistir a las personas que sufren utilizando las herramientas y conocimientos de una consejería pastoral actualizada. Por otro lado, su vida debe estar engalanada por la presencia del Espíritu Santo, quien le guiará a ejercer una labor de excelencia en el cuidado pastoral.

Conclusión

El capellán funge como agente de cambio y como guía espiritual, asesorando a las personas en sus necesidades espirituales y dándole apoyo moral y emocional. La presencia de la persona que ministra en el Departamento de Capellanía trae alivio en medio de las tensiones causadas en el ámbito laboral y ofrece sentido de dirección en la toma de decisiones. Tanto el personal ejecutivo como el resto del personal que labora en una empresa necesitan ser asesorados por el personal del Departamento de Capellanía de modo que puedan desenvolverse en un medio ambiente socio emocional saludable y de productividad.

Preguntas de repaso

1. Defina el término empresa.
2. Explique por qué la dinámica existente en el sistema empresarial puede afectar al individuo y a la sociedad.

3. Destaque la importancia de que exista un Departamento de Capellanía dentro del equipo de trabajo en una empresa.
4. Mencione cualidades que debe poseer el capellán en el contexto empresarial.

11

Capellanía universitaria

Universidad

Se define el término universidad como una institución de educación superior que comprende diversas facultades o colegios de artes, letras, ciencias y escuelas profesionales con autoridad para conferir títulos en una diversidad de campos de estudio. Las universidades, además de ser centros de estudio, pueden cumplir también con tareas de investigación con una variedad de entidades que incluyen las facultades, departamentos, centros de investigación, centros de enseñanza preparatoria, institutos, colegios y otros. La universidad como comunidad de educación superior orienta todos sus esfuerzos a lograr el desarrollo integral de la persona, fomentando la búsqueda integral de la verdad en un clima de libertad responsable. Se da énfasis al desarrollo de una vida académica madura que garantice la libertad de cátedra y de investigación genuina. En su origen, es una de las expresiones más significativas de la solicitud pastoral de la iglesia dado que el nacimiento de las universidades está vinculado al desarrollo de escuelas establecidas durante la Edad Media por los obispos de grandes sedes episcopales. Por tal motivo, la presencia y la misión de la iglesia en la cultura universitaria revisten formas diversas y complementarias. La iglesia se preocupa por el anuncio del

Evangelio a la par que demuestra apertura al diálogo y colaboración sincera con los miembros de la comunidad universitaria que demuestran interés por la promoción cultural del ser humano y el desarrollo cultural de los pueblos.

La cultura universitaria representa una realidad de trascendental importancia en la historia de la humanidad pues en su seno se plantean cuestiones vitales, se suscitan nuevos desafíos, se analizan y se enjuician los asuntos de mayor ponderación en la sociedad. Como resultado, se sientan las bases para que ocurran transformaciones culturales que impactan a la sociedad de la época y la trascienden. Cuando observamos a las instituciones universitarias, se puede apreciar cómo éstas han ido evolucionando desde sus orígenes hasta la post-modernidad. En ellas se han generado unas transformaciones extraordinarias cuyas características no pueden generalizarse en todos los países, ni tampoco han ocurrido de igual forma. Cada universidad responde a un contexto histórico, social, económico, político, religioso y cultural. En algunos lugares ha habido una separación muy marcada entre la iglesia y la comunidad universitaria, reflejándose en la vida universitaria en múltiples formas.

En el transcurso del siglo XX las universidades del mundo entero afrontaron el problema de la masificación de la enseñanza. La lucha por la superación y el deseo de conseguir la "igualdad de oportunidades" convirtió el acceso a las aulas universitarias en algo posible no sólo para unas minorías selectas, sino para una parte muy sustancial de la población. Como resultado, se produjo una crisis que se manifestó en la insuficiencia de servicios, el exceso de titulados y la devaluación de la calidad de la enseñanza. No obstante, se han realizado esfuerzos orientados a afrontar el reto. Al llegar a la alborada del siglo XXI, las universidades están llamadas a proveer una educación de mayor calidad, actualizada y contextualizada que atienda al ser humano en forma integral, capacitándolo para desenvolverse como ciudadano competente, apto para laborar en todas las áreas del vivir cotidiano como un profesional atemperado a las necesidades de su tiempo.

Estudiante universitario

Al hablar de estudiante universitario se hace referencia a aquellas personas que ingresan a una institución de educación superior y son clasificados en las categorías de estudiantes de bachillerato, graduados o de escuelas profesionales.

Vida universitaria

La vida universitaria es un reto de superación en todos los niveles para la persona que estudia. La vida estudiantil puede ser complicada para el individuo debido a que ha llegado a una etapa en la vida en la cual la persona ha contraído un cúmulo de responsabilidades además de aquellas relacionadas con el proceso académico. Por lo general, la persona ya ha entrado al mundo laboral, ha establecido cierta independencia de la familia. Tal vez haya organizado su propio núcleo familiar si se ha casado o engendrado hijos.

Cuando la persona se ha casado o tomado la decisión de tener su propia familia, ello representa que ha contraído nuevas responsabilidades hacia otras personas, además de atender sus propias necesidades. El compromiso de hacer provisión para atender las necesidades de su grupo familiar representa que su ejecutoria en el mundo laboral debe ser una de mayor rendimiento y, en ocasiones, la de laborar en dos empleos diferentes para poder generar mayores ingresos. Entonces, el individuo se ve inmerso en un ambiente enmarcado en largas jornadas de trabajo, competencia y productividad en gran escala. Esto trae como resultado que la persona afronte situaciones estresantes, fatiga física y mental, a la par que su tiempo para dedicar a los estudios se ve reducido. Por esa razón, algunas familias aconsejan a sus hijos e hijas que le den prioridad a los estudios en lugar de tomar la decisión de casarse o entrar al mundo laboral de modo que puedan dedicar su tiempo a la superación académica hasta lograr un grado académico de excelencia. Sin embargo, muchos estudiantes no siguen estos consejos pues desde la escuela secundaria han estado expuestos a valores heterogéneos que en la mayoría de los casos son opuestos a los valores normativos existentes en el hogar.

Los valores adquiridos fuera del núcleo familiar representan un reto en la vida de la persona e introducen cambios revolucionarios en su forma de ser y en sus expectativas del mundo que le rodea. Estos cambios suelen generar tensiones en las relaciones familiares afectando al individuo en su forma de relacionarse con otras personas. Muchas veces se rompen las relaciones familiares, se afectan las relaciones en las instituciones educativas, en las áreas de trabajo, en los dormitorios e incluso con las amistades más íntimas pues en medio de los afanes y frustraciones del diario vivir, el individuo a veces ingresa al mundo de las drogas, alcoholismo y libertinaje sexual, los placeres y los juegos. En muchas de estas prácticas, la persona se vuelve esclava de ese mundo, que es opuesto a la escala de valores existente en su núcleo familiar y su vida se torna en un desastre.

El ambiente universitario por la heterogeneidad de su población y la complejidad de la misma vida universitaria, demanda la existencia de personal cualificado que pueda asesorar tanto al personal que labora en la institución como al estudiantado que ingresa a sus aulas. El enfoque debe ser orientado hacia el cultivo de una vida que permita la máxima realización del ser integral como ser humano competente, apto para ser un ciudadano responsable. Por tanto, el Departamento de Capellanía universitaria es esencial en el ámbito universitario.

Capellanía en el contexto univesitario

La capellanía universitaria está llamada a proveer cuidado pastoral, acompañamiento solidario y asesoría espiritual a los miembros de la comunidad universitaria y, en ocasiones, a familiares de los miembros de esa comunidad. Debido a que los universitarios provienen de una diversidad de contextos, la capellanía universitaria debe respetar y garantizar la pluralidad ideológica y religiosa tanto del personal como del estudiantado. También debe contribuir al bienestar de la sociedad en general en la medida en que haga provisión para el análisis teológico y la reflexión ética en un ambiente ecuménico enfocando los asuntos de ponderación en la realidad sociocultural, política y económica de las comunidades existentes en el país y en el foro internacional.

La pastoral en la capellanía universitaria debe poseer una orientación ecuménica que no se adhiera a ninguna teología ni cuerpo eclesiástico en particular. Debe ser nutridora para la persona en la medida en que pueda fomentar la comunión en medio de la pluralidad de los grupos cristianos existentes en su seno. Debe ser facilitadora para la preservación del patrimonio cristiano y de la cultura con apertura al diálogo en medio de la pluralidad de credos y de la diversidad de las disciplinas universitarias.

En el ambiente universitario suelen haber varios tipos de capellanías de acuerdo con el tipo de institución a la cual sirven ya que debe responder a la filosofía, misión y objetivos de la universidad o colegio. Hunter (1990:193) cita a J. Vannorsdall que da prioridad a tres capellanías universitarias: el capellán nombrado por la institución, los capellanes denominacionales y los grupos interdenominacionales. Con relación a esos tres estilos de capellanía se pueden destacar algunos aspectos:

- **El capellán de la institución** (capellán de la capellanía universitaria): Es la persona empleada por la institución para servir a toda la comunidad universitaria, personal y estudiantes, en asuntos religiosos. Debe hacer provisión para que los diversos grupos religiosos puedan expresar su fe en un ambiente ecuménico de adoración con igualdad de oportunidades para los capellanes que son enviados por las denominaciones a dar apoyo a sus feligreses que estudian o trabajan en la universidad.
- **Capellanes denominacionales:** Son aquellos que representan a las denominaciones de las más grandes tradiciones religiosas. Cada día hay un incremento mayor en los grupos conservadores cristianos que envían a sus capellanes para celebrar cruzadas y actividades ínter universitarias de carácter evangelístico y dar apoyo espiritual al estudiante y al personal universitario.
- **Los grupos ecuménicos:** Son aquellos que no representan a ninguna denominación en particular y se dedican a dar estudios de la Biblia, a la enseñanza y dar apoyo espiritual a la comunidad colegial utilizando recursos ministeriales de diferentes contextos eclesiales. Se contratan servicios de capellanes para colaborar en las diversas áreas del ministerio brindando conferencias, haciendo misión o programas de acción social.

Requisitos para ejercer la capellanía universitaria

El capellán o capellana universitaria debe poseer los siguientes requisitos:
1. Ser una persona apta para desenvolverse en un ambiente ecuménico.
2. Tener una maestría en divinidad y adiestramiento teológico.
3. Experiencia en el área de consejería pastoral y ser una persona calificada.
4. Ser ministro ordenado de su denominación.
5. Comprender que en ocasiones tendrá que oficiar en ceremonias fuera de su horario de servicio por lo cual se requerirá de su disponibilidad para trabajar en diversos horarios.
6. Comprender que sus lealtades pueden ser varias; debe ser fiel a su denominación a la par que debe ser fiel a la institución para la cual trabaja. Debe ser fiel a su propia persona pero debe acordarse que es ministro de Dios y ha asumido una posición de compromiso con la misión de la iglesia. Debe ser fiel a su núcleo familiar pero también a la población colegial con la cual trabaja.

Conflictos que pueden surgir en el ejercicio de la capellanía universitaria

En ocasiones el capellán no recibe el apoyo de otros compañeros que representan las diversas expresiones de la fe y pueden surgir situaciones en las cuales las lealtades estén en conflicto al igual que situaciones conflictivas con compañeros de trabajo que no valoran el papel que desempeña el Departamento de Capellanía en el ambiente universitario. En ocasiones, la misma institución que contrata los servicios del capellán no hace provisión en su presupuesto para responder a la demanda de recursos necesarios para que el departamento funcione a la altura de las expectativas que la gente espera. Cuando el capellán no cumple con sus funciones a la altura del servicio que se espera, se pierde la credibilidad en el trabajo que este funcionario debe realizar.

Conclusión

La capellanía universitaria juega un importante papel en la vida de la comunidad universitaria en la medida en que está diseñada para dar apoyo espiritual a la comunidad sin acepción de personas. El ambiente universitario requiere de personal competente tanto en el ámbito teológico como bíblico y en el área de la consejería pastoral para atender las necesidades de la comunidad en forma integral. Toda capellanía debe desenvolverse en un ambiente ecuménico de solidaridad y colaboración para que las distintas expresiones de fe puedan dar apoyo espiritual a su feligresía sin menoscabo de las demás ideologías religiosas. La capellanía universitaria requiere una vida de servicio a Dios, a la iglesia y a sus semejantes de parte de la persona que oficia como capellán o capellana.

La capellanía en el contexto universitario forma parte del sistema universitario como parte integral del proceso educativo enfocado al desarrollo integral del ser humano y a su máxima realización como persona. Por ende, es un departamento de vital importancia para que la misión, filosofía y objetivos institucionales se realicen con la mayor excelencia. La responsabilidad contraída por el capellán universitario con la sociedad es muy grande en la medida en que su trabajo estará contribuyendo a equipar a los profesionales que servirán a la sociedad con una salud emocional espiritual deseable de manera que puedan asumir las responsabilidades que sus diferentes profesiones colocaran sobre ellos y ellas al ser egresados de la institución universitaria.

Preguntas de repaso

1. Explique qué diferencia existe entre la universidad y la escuela superior.
2. Describa cómo es la vida en un contexto universitario.
3. Presente argumentos para sustentar la idea de que la capellanía universitaria desempeña un papel importante en la vida de la comunidad universitaria.
4. Enumere algunos requisitos que debe poseer la persona que ejerce la capellanía universitaria.
5. Contraste la capellanía universitaria con otras capellanías y señale similitudes y diferencias.

Conclusión

La capellanía es un campo todavía virgen que necesita ampliar su radio de acción, ofreciendo a los hombres y las mujeres que Dios llama al ministerio de la capellanía mayores y mejores oportunidades de estudio. El reto que la presente sociedad le da al capellán es el de asumir una actitud de mayor grado de compromiso con Dios y con la humanidad. Al responder afirmativamente al llamado al ministerio de la capellanía, el candidato debe adiestrarse en educación formal con conocimientos y destrezas que le ayuden a realizar mejor su trabajo. A medida que aumenta la complejidad en todos los procesos sociales y surgen nuevos y mayores conflictos en la convivencia humana, se necesita que el personal que realiza funciones de consejería pueda actualizar y contextualizar los conocimientos sobre el cuidado pastoral y el trato con la persona que sufre. También se necesita que la persona esté equipada con conocimientos bíblicos y teológicos adecuados de manera que pueda realizar una labor hermenéutica correcta y asumir una postura teológica responsable y pertinente a tono con la realidad que vive la gente.

Debido a la complejidad y multiplicidad de los problemas que aquejan al mundo actual, las instituciones que sirven a la comunidad se verán más comprometidas y obligadas a exigir al personal que labora en capellanía institucional a poseer buenas credenciales ministeriales y también académicas que le califiquen como persona apta para el desempeño de sus funciones. La responsabilidad de las instituciones teológicas con la sociedad actual y con el ministerio es la de proveer más y mejores oportunidades de estudio y de superación a las personas que han aceptado el llamado del Señor para trabajar en el ministerio. Las iglesias a la par deben estimular a sus feligreses a equiparse con los conocimientos y las herramientas necesarias para el servicio a Dios, a la iglesia y a la comunidad. Tanto las instituciones teológicas como las iglesias deben laborar incansablemente en unión a las instituciones que dan servicio a la comunidad para hacer de este mundo, un mundo mejor. Así nos ayude Dios.

Bibliografía

Adams, Jay E. 1986. *Capacitado para orientar*. Grand Rapids, Michigan. Publicaciones Portavoz Evangélico.

Biddle, Perry H. Jr. 1994. *A Hospital Visitation Manual*. Grand Rapids, Michigan. W. B. Eerdmans Publishing Co.

Ferrer, J. 1990. Conferencia: *El cuidado pastoral en el contexto carcelario*. Saint Just, Puerto Rico. Capellanía Penitenciarías Servicio Correccional de Puero Rico.

Harrison, Everett editor. Bromiley, G. Henry, C. 1985. *Diccionario de teología*. Grand Rapids, Michigan Editorial T.E.L.L.

Hoff, Paul. 1981. *El Pastor como consejero*. Miami, Florida. Editorial Vida.

Holts, Lawrence E. & Marty, Martin E. 1987. Hospital Ministry. *The Role of the Chaplain Today*. New York, Crossroad Publishing Co.

Hunter, Rodney J. General Editor. Maloney, H. Mills, L. Patton, J. 1990. *Dictionary of Pastoral Care and Counseling*. Nashville, Tennessee. Abingdon Press

Kubler-Ross, E. 1969. *On Death and Dying*.

Kushner, Harold S. 1985. *Cuando las cosas malas le pasan a la gente buena*. Jerusalén. La Semana Publicaciones Ltda.

Lammers, S. Verhey, A. 1987. *On Moral Medicine. Theological Perspectives in Medical Ethics*. Grand Rapids, Michigan William Eerdmans.

Reina-Valera. 1960. *La Santa Biblia.* Thomas Nelson Publishers.

Reyes, Francisco 1988. Conferencia: *El capellán parte del equipo terapéutico.* Saint Just, Puerto Rico. Manual del Hospital Metropolitano.

Rivera de Alvarado, Luz M. 1996. *Manual de capellanía institucional.* Trujillo Alto, Puerto Rico. Taller Alvarado Rivera.

Rodríguez, Rafael. 1990. Conferencia: *El contexto pastoral del hospital.* Saint Just, Puerto Rico. Capellanía del Hospital Ryder.

Rovira, Armando. 1997. *Crecimiento y desarrollo humano.* Puerto Rico. Editorial Cultural Panamericana.

www.ingramcontent.com/pod-product-compliance
Lightning Source LLC
LaVergne TN
LVHW031629070426
835507LV00024B/3406